宁夏大学优秀学术著作出版基金资助

ZHONGGUO DIFANGZHENGFU CHANYE ZHENGCE YU
DIFANG CHANYE ZHUANXING YANJIU

中国地方政府产业政策与地方产业转型研究

康凌翔 著

中国社会科学出版社

图书在版编目（CIP）数据

中国地方政府产业政策与地方产业转型研究/康凌翔著 . —北京：中国社会科学出版社，2015.5

ISBN 978 - 7 - 5161 - 6161 - 6

Ⅰ. ①中… Ⅱ. ①康… Ⅲ. ①区域经济—转型经济—产业政策—研究—中国 Ⅳ. ①F127

中国版本图书馆 CIP 数据核字（2015）第 107051 号

出 版 人	赵剑英
责任编辑	刘晓红
责任校对	周晓东
责任印制	戴　宽

出　　版	中国社会科学出版社
社　　址	北京鼓楼西大街甲 158 号
邮　　编	100720
网　　址	http：//www.csspw.cn
发 行 部	010 - 84083685
门 市 部	010 - 84029450
经　　销	新华书店及其他书店

印　　刷	北京君升印刷有限公司
装　　订	廊坊市广阳区广增装订厂
版　　次	2015 年 5 月第 1 版
印　　次	2015 年 5 月第 1 次印刷

开　　本	710 × 1000　1/16
印　　张	10.75
插　　页	2
字　　数	201 千字
定　　价	39.00 元

摘　要

随着我国经济不断地增长，我国原来已经形成的低端制造业和资源耗费型产业结构已不能支持经济的可持续发展，不得不进行产业结构的转型升级，政府也将产业转型升级作为新时期的重要经济任务，那么政府的产业政策能否实现其目标呢？起码我们需要分析我国产业政策发挥作用的环境和机制。其实在我国经济发展的每个阶段，政府都通过产业政策对经济进行调节，但每次调节的效果并不是很好，其中一个重要的原因是我国转型体制下地方产业政策形成机制和企业行为所导致。

改革开放后，我国各级政府之间进行了经济上的分权，使得各级政府具有了干预经济和参与市场交易的双重自主权，也使各级政府成为具有自身利益追求的利益主体，从而地方政府就会根据自身利益的需要来制定和执行地方产业政策，于是地方产业政策、企业的市场行为和地方政府与企业之间的利益依赖和约束共同决定着地方产业政策的选择和产业转型升级的结果，本书正是基于这种相互作用关系来分析我国产业转型升级的效果。

首先，我们分析企业自身参与产业转型升级的行为选择。产业的转型升级最终都是依靠一个个企业经营内容的转变来实现的，在市场机制下，企业是否参与产业转型升级，参与到何种程度，都由企业自身利益的最大化来决定。我们把产业转型升级过程中存在的外部性、投资成本和风险、技术特征、阶段特征等影响因素结合起来，分析这些因素如何影响企业参与产业转型升级的行为选择和最终的产业转型升级效果。结论是：企业追求自身利益最大化的结果，产业转型升级不一定达到最优效果。

然后，我们分析如果地方政府通过产业政策改变企业的成本或收益，企业参与产业转型升级的行为会发生怎样的改变，以及产业转型升级结果会发生怎样的改变。我们以不同的产业补贴和税收政策来代表产业政策的干预。结论是：合适的产业政策并且在产业转型升级的相应阶段正确运用，产业政策才能促进产业转型升级向最优结果靠近，否则，产业政策还有可能恶化产业转型升级的结果。

进一步，我们分析地方政府会采取什么样的地方产业政策。从我国转型体制下地方政府及其官员的政治、经济利益追求作为分析的起点，解释地方经济社会条件的不同、地方政府所处任期阶段的不同、地方经济原有产业结构约束的不同等环境下，地方政府的产业政策偏好。结论是：地方政府总会以自身利益来选择地方产业政策，其结果是地方政府不一定以上级产业政策的要求或者产业转型升级的最优效果来选择产业政策。

在以上分析的基础上，再把地方政府不同的产业政策选择与其对企业参与产业转型升级行为的影响结合起来解释我国产业转型升级的效果。这里采取对比分析的方式来分析问题，先对比有无地方政府产业政策干预下企业行为的不同，以揭示政府产业政策的干预会给不同情况下产业转型升级带来什么结果，再对比地方政府不同的产业政策选择导致产业转型升级的差异，以解释我国经济社会条件不同的地区，处于不同时期的地方经济，其产业转型升级效果上所存在的差异。结论是：经济社会条件较好的地方经济，产业转型升级效果更明显，也就是产业结构更高级，经济运行更健康。地方政府所处的任期阶段也会影响产业转型升级的效果，在任期初始阶段，产业转型升级的基础建设会好一些，后期基础建设会差一些。地方原有的产业结构也一定程度影响产业转型的效果，但这种影响程度取决于地方经济社会条件。

最后，以工业污染治理为例，通过实际经济数据对以上的分析进行检验，我们把工业污染治理看作对地方经济产业转型升级的要求，以地方人均财政收入代表地方经济社会条件的差别，以地方工业占地方 GDP 比重代表地方原有的产业结构。实证检验的结果基本与本书的分析过程和结论相一致。

关键词： 地方政府利益　地方产业政策　企业行为选择　产业转型效果

Abstract

With the economic growth continuously in our country, the low – level manufacturing and resource – consuming industrial structure formed in the past has not been able to support our economy to developing sustainably, which makes us have to transform and upgrade the industrial structure, and the government has take the transformation and upgrading of industrial structure as an important economic task in the new period, then the government's industrial policy can achieve the goal? This needs us to analysis our industrial policy's working mechanism and environment. In fact, in every stage of economic development in our country, the government all implemented the industry – development policy, but the effects were not very good each time, one of the important reasons is the peculiar forming mechanism of our local industrial policy and enterprise's behavior.

As for the forming mechanism of our local industrial policy and enterprise's behavior, our country has carried out the decentralization in economy among the various governments as all levels, this made different local governments have double decision – making right interfering with economy and participating in market business, and also made all local governments become the benefit individuals running for self – interest. From this, the local government comes to work out and carry out local industrial policy and choice the transaction mode with enterprises. As a resuit, this local industrial policy and enterprise's behavior decide the effect of industrial transformation and upgrading.

First, we analysis enterprise's self – behavior participate in industrial transformation and upgrading. Because achievement of industrial transformation and upgrading depends on change of every enterprise's operating contents, then if and to what degree enterprise participates in industrial transformation and upgrading all depend on maximizing its self – interest maximization. We combine the externality, capital cost and risk, technology characteristic and stage characteristic to analysis enterprises' behavior choices and the effect of industrial transformation and upgrading. Our conclusion is: enterprises' self – interest maximization lead to the effect of industrial transformation and upgrading being not necessarily the best.

Then we analysis what change will happen for enterprise's behavior and effect of industrial transformation and upgrading if local government change enterprise's costs or revenues through local industrial policy. We take different industrial subsidies and tax policy as industrial policy intervention. Our conclusion is: the proper industrial policy correctly used in industrial transformation and upgrading of the corresponding phase can promote industrial transformation and upgrading to be near the optimal result, otherwise, the effect of industrial transformation and upgrading is likely to get worse.

Further, we analysis the local government will adopt what kind of local industry policies. We take local government and its officials' pursuing their political and economic interests in our system of transformation as the starting point to explain different economic and social conditions, the local government's stage of tenure, the constraints of local original industrial structure how to determine local government's industrial policy preferences. Our conclusion is: owing to pursue its own interests, local government not necessarily to select its industry policies according to the superior industrial policy requirements or the optimal effect of industry transformation and upgrading.

On the basis of the above analysis, we combine local government's industrial policy preference and its impact on corporate behavior to explain the existing differences in industrial transformation and upgrading in different regions and different developing stages. Our conclusion is: the better economic and social conditions are, the better the effect of industrial transformation and upgrading is, the more advanced industrial structure is, and the more effective the economic operate. In addition, in the local government's initial stage of tenure, the infrastructure industrial transformation and upgrading will be better, in the late stage of tenure, infrastructure will be some poor. And the original industrial structure also affects the effect of industrial transformation to a certain extent, but this effect depends on the local economic and social conditions.

Finally, we take industrial pollution treatment as an example to test the front analysis. Among them, the industrial pollution control is taken as industry transformation and upgrading of local economy, local finance income per capita is taken as local economic and social environments, the percentage of local industry is taken as the original industrial structure. The empirical test results are basically consistent with the front analysis process and the conclusion.

Key words: Local government's interests   Local industrial policy   Enterprise behavior choice   Industrial transition effects

目 录

第一章 导论

第一节 研究背景与意义

一 研究背景

如果你是某一级政府主管经济的领导，当地经济主要产值来自于当地拥有的一批铁矿石开采企业、钢铁冶炼和加工企业的生产，这些产业虽是传统产业和高耗能、高污染产业，但却是当地财政收入的主要来源。现在中央政府发出文件，要求各地方经济必须通过产业转型升级实现节能减排和环境保护，那么，你是否会要求你所管辖范围内的这些铁矿石开采企业、钢铁冶炼和加工企业马上开始淘汰这些传统产业，向新兴产业转型呢？或者你要求这些企业马上对原生产技术进行升级改造以消除污染和降低能耗？或者你干脆和当地这些企业联合起来进行重组包装以应付上级政策要求？这其实是一个地方政府及其官员的行为选择如何决定经济中产业转型升级的问题。地方政府及其官员的行为一般是通过地方政策和文件的形式体现出来，所以这也是地方产业政策如何决定经济中产业转型升级及其效果的问题。对于地方政府及其官员来说，影响其最终行为选择的因素很多，但在我国，下述几个方面是其一定会考虑和权衡的：（1）这样的政策是否伴随有进一步的指标考核和经济补偿或激励；（2）各级政府将会怎样贯彻中央的产业政策，对自己的下级政府贯彻政策的行为如何激励和考核；（3）如果对本地经济实施产业转型升级，本地企业是否愿意跟随政策的要求，跟随到什么程度；（4）如果本地政府以财力支持强力推进产业转型升级，本地政府财力是否足够强大，以保证在一定的时间内达到所需要的结果；（5）政府的这种行为在短期内会对本地的经济和社会带来怎样的冲击，地方经济和社会生活能否接受这种冲击；（6）如果转型升级成功或者失败会对本地政府和官员任期内的政绩和经济收益带来怎样的影响。

对于地方政府通常的情况是：（1）如果地方企业自身有强烈的转型升级意愿和能力，地方政府制定和执行产业转型升级政策的积极性就会高些，因为达到一定的转型升级效果需要地方政府付出的成本相对较低；（2）若上级政府对地方产业转型升级有详细指标要求和严格考核，指标的测量技术也具备，地方政府也会积极执行产业转型升级政策，因为关于地方产业转型升级程度的信息很容易被上级政府观察到，并直接决定着本级政府和官员的政绩排名位次；（3）产业转型升级在地方政府及其官员的政绩评价中比重较高，地方政府实施产业转型升级政策的积极性也会提高；（4）如果地方经济创新环境好，创新能力强，地方政府制定和执行转型升级的积极性要高些，因为转型升级中的问题通过创新能得到解决，转型升级成功的可能性大，将给地方政府带来的预期收益更高。但如果一个地方经济这些条件不具备，地方政府会怎样选择其行为呢？

对于企业来说，产业转型升级中，不管是转型到新的产业还是升级原有的经营内容，都会遇到新产业的技术难题，升级的技术难题，新产业的市场环境不具备，等等。这就需要企业拿出一定资源投入到技术创新和市场开拓、市场培育中，而这些投资具有风险投资的性质。正因为如此，产业转型初期，只有那些风险偏好型的少数企业参与产业转型升级。另外，企业的创新行为还具有很强的正外部性，即一出现好的创新成果，就会被别的企业模仿，还会因模仿者的成本优势形成对创新者的竞争威胁，从而使得一些企业即使在旧的产业经营困难，也希望转型升级，但转型中的风险会阻止企业的行动，那么产业的转型升级也只能在一定程度上发生。

从激励机制上说，在产业转型升级初期，对产业转型效果的测量往往也比较困难，因为经营或技术上的创新本身就具有不确定性和衡量上的困难，更何况我国上、下级政府之间还存在信息不对称的问题，结果上级政府即使想激励下级政府搞好产业转型升级，可能很难用确切的和合理的指标考核来激励，在这种情况下，地方政府如何选择其产业转型升级政策，产业转型升级效果又会怎样？这说明，决定我国产业转型升级效果的不仅仅是中央的产业政策和产业发展战略，还有我国的地方政府如何执行产业政策和地方政府如何制定地方的产业政策，以及企业在产业转型升级中如何行为，也意味着要发挥产业政策在我国产业转型升级中的主导作用，国家制定产业政策时也必须考虑到这几个方面的共同影响。然而，从我国过去的产业政策作用效果看，在我国每一波的产业转型升级潮中，既有地方经济产业转型升级不彻底给地方经济带来问题的，也有积极投入到产业转型升级给地方经济带来问题的。

例如，当初北京市通过淘汰第二产业、发展第三产业来实现产业结构升级的时候，与其相邻的河北省利用这个经济机会积极引进了一批工业生产（从表7.8各省市工业占比变化能看出这一点），然而仅仅几年后的今天，由于没有从产业彻底转型升级和高级化的要求来行事，河北省又不得不限制这些工业生产的产值，还需要想方设法转型淘汰其中的一部分工业生产。是当初河北省地方政府不知道这些工业生产会给地方经济带来后续的问题，还是当初河北省地方政府明知道这些产能将带来后续经济问题却又故意所为。

再如，我国出台鼓励新能源产业政策以来，一些地方经济积极投入到新能源的生产和应用中，并以此来实现地方经济产业转型升级。青海省就是这样的例子，在国家光伏补贴和政策支持的吸引下，青海2005—2009年期间光伏发电产业大量投资建设，并规划将其发展为青海的五大支柱产业之一，但直到2013年，青海建成的光伏电站只有203万千瓦，并网发电只有180多万千瓦，很大一部分项目只是停工状态。原因是这些项目的建设只能靠国家和地方政府补贴，而国家只给50%—70%的建设投资补贴，青海省政府本身给每度电1.15元的补贴，由于与火电每度0.5元相比，其光伏发电的成本价就有每度1元，其余的建设资金以及收益都要靠企业自身筹集和经营，结果企业自身无盈利能力筹资建设和维持以后的经营，从而也就无自身生存能力，只能靠高补贴才能生存。其根本原因是目前的光伏产业技术很有限，产业的市场环境也很有限，导致在经济结构中的运用有限，然而其产能却大大超过了技术的约束。什么时候技术和市场环境能取得根本性突破，政府的这种高补贴还能持续多久，就目前来说还看不到希望。对那些停工项目和光伏上的银行贷款来说，一旦政府停止补贴，将会通过债务影响使地方经济陷入困境，但政府的补贴能力是有限的，尤其地方政府的财力是有限的，不会一直持续补贴下去。那么地方政府为什么愿意通过这样的转型升级把地方经济陷入困境呢？是当地政府知道光伏的技术和产业市场环境能很快得到解决从而能化解困境，还是不知道技术突破的情景如何而故意冒险？至少前者到目前还没看到希望。

二 研究意义

分析我国地方产业政策的形成与我国产业转型效果之间的关系是很有

必要的。一方面，我国自改革开放以来各地所形成的低端制造业和资源耗费型产业随着国家经济水平的提升和国内外经济环境对比的变化，已不能支撑整个经济以及各地方经济的可持续发展，不得不为经济的前途寻找新的出路，中央政府也提出要通过产业结构的超越式转型升级实现经济的可持续发展，还把产业转型升级、提升产业核心竞争力作为重要的一章内容写进国家"十二五"规划和作为以后一段时期经济工作要着力解决的首要问题；另一方面，在我国经济发展过程中，中央政府曾多次实行过重大的产业政策，然而每次地方经济贯彻和执行产业政策的结果都导致经济的低层次重复竞争，投入大而效果差，并且最终的结果总是让经济运行处于被动状态，还给经济的后续发展留下隐患。更关键的是，总是不能形成经济产业转型升级的自我良性运行机制。那么，这次的国家产业结构调整战略和产业转型升级政策在实施过程中是否会复制以往的路径？在以往经验和教训的基础上，政府该怎样优化产业政策、革新规制措施？我国产业政策能否做到产业结构调整和整个经济的自我良性发展？要说明这些问题，我们首先要认清我国产业政策作用效果的形成机制。

我国产业政策作用效果的形成机制是在我国特定的经济和政治治理机制下产生的，尤其我们目前是体制转型中的市场经济，这种转型经济有两个关键特征：一是在经济上，企业和政府单位都成了市场经济中的行为主体，可通过市场途径自由发生交易，但从中央到地方的各级政府又都掌握甚至控制着所辖区域内的重要经济资源，还有通过经济政策干预地方经济的权力。结果，各级政府与所辖区域内的企业实体之间既通过市场途径建立经济联系，又通过经济政策和控制的资源建立干预和被干预的关系，而地方政府如何选择自己的行为完全取决于地方政府的需要。二是在激励机制上，虽然我国改革开放以来中央和地方政府以及地方各级政府之间建立了经济上的分权，从而地方政府有了发展地方经济的很大自主权，但在政治治理上，各级政府之间仍然是自上而下的集权，上级政府拥有对下级政府的考核、官员晋升、实施政治锦标赛的统治权，尤其地方经济发展状况还成为考核的重要指标。其实，如果上级政府完全掌握下级政府行为以及地方经济发展的信息，这样的考核同样是有效的。但问题是，在这样的治理机制下，一方面，由于经济上分权，上、下级政府之间的信息更加不对称；另一方面，各级政府通过上、下级之间的考核进行激励，最终的结果必然是各级政府的"偏私性激励"，即每一级政府根据自身利益最大化建立对下一级政府的激励制度。

我国地方政府的产业政策制定和执行就是在这样的体制环境中进行的，地方政府与企业之间的关系也是在这样的体制环境中去实现建立的，国家的产业政策实施效果也必然是在这种背景下的结果。因此，仅仅从市场经济的一般规律来分析和检验我国的产业政策效果，或者仅仅从我国产业政策与产业演进结果之间的对比来说明我国产业政策的好坏和如何改进，并不能真正揭示我国特定背景下的产业政策作用机制和产业转型升级中产生问题的原因，也不能真正找到改善我国产业政策效果的对策。

就目前已有的分析文献来说，大多的文献在分析产业政策问题时，更多地把注意力集中在为了实现某方面的产业目标，按照市场机制我们应该设计什么样的产业政策来规制企业行为，或者根据我国产业政策及其执行效果与别的国家的产业政策及其执行效果的比较，来说明我国产业政策存在的问题。本书则是想从我国特定的经济和社会背景下地方产业政策的形成机制的角度，来分析地方产业政策与产业转型升级效果之间的关系。

在分析过程中，我们首先解释市场机制下企业参与产业转型升级的行为特征，然后分析在经济分权、政治集权的转型社会体制下地方政府的利益追求，以及这种利益追求所决定的地方产业政策，再分析地方政府对各类企业的干预或市场交易方式选择，最后分析企业在市场机制和地方政府产业政策干预下参与产业转型升级的结果。将这几个行为主体在转型经济中的利益关系特点结合起来解释产业政策和产业转型升级的效果。

第二节　研究思路与分析方法

一　研究思路

概括地说，本书的基本分析思路是通过把地方政府和企业都作为微观利益主体，分析地方政府之间以及地方政府与企业有各自自身利益约束的条件下，彼此之间的利益关系如何决定，各级地方政府执行上级产业政策和制定地方产业政策，相关产业的企业如何参与产业转型升级的活动中，进而如何决定产业转型升级的效果。

对地方政府来说，其中，首先分析处于在某一产业中经营的企业在市场中追求自身利益时参与产业转型升级的行为选择，然后加入地方政府的利益约束进一步分析企业参与产业转型升级的效果。

本书所分析的各经济行为人之间的逻辑关系如图1-1所示：

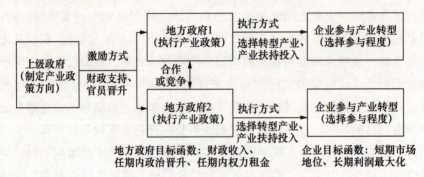

图1-1 经济行为人之间的逻辑关系

对上述逻辑关系导致的产业转型效果是否符合事实，我们在现实经济中选取样本进行实证检验和说明。

二 分析方法

根据本书研究问题的特点，主要采用了以下分析方法。

1. 文献研究

对产业政策与产业转型升级效果研究的文献很多，但对于我国转型体制下的地方产业政策作用机制和企业行为的专门研究很少，更多的是在很多文献中有所涉及，通过对有关文献进行总结和评论，发现已有研究的成果和不足，指出本书进一步研究的目的，以及进一步研究的理论基础。

2. 案例研究

本书以新疆和甘肃两地为例，揭示了企业参与产业转型升级的行为和效果是市场状况、市场机制和地方政府产业政策共同作用的结果，产业政策并不能取代市场机制，相反是依靠市场机制才能发挥作用的结论。

3. 比较静态均衡分析

通过分析企业、地方政府在不同条件下的最优化选择行为，得出不同环境条件下地方政府产业政策、企业行为选择，然后通过不同条件下的最优选择的比较，分析产业转型效果的不同。

4. 回归分析

对本书分析的逻辑关系，从我国以往的产业转型升级事实中抽取样本进行检验，运用双变量和多变量最小二乘法，对不同地区的产业转型升级效果与各影响因素之间的关系进行回归分析。

5. 比较分析

本书利用比较说明的方法，通过不同状态的对比找出不同因素对产业转型升级各自所发挥的作用。

6. 归纳演绎

对我国地区之间经济社会条件、地方政府的任期阶段与产业转型升级的效果关系进行归纳，试图揭示其间的规律性。在此基础上对各地产业转型升级效果的差异和发展趋势给出借鉴启示。

第三节 技术路线与分析框架

一 技术路线

本书的技术路线如图 1－2 所示：

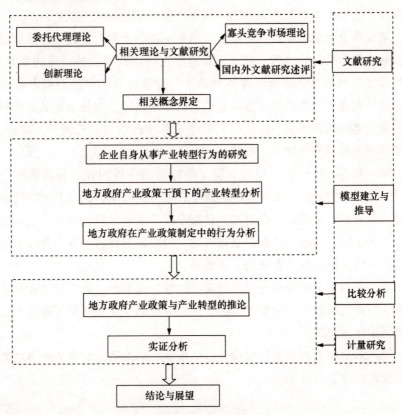

图 1－2 技术路线

二　分析框架

本书的分析内容为八章，基本安排为：

第一章主要介绍本书的选题背景与意义，研究思路、分析框架、研究方法和创新之处等。

第二章对目前有关产业政策与产业转型升级效果之间关系的研究文献进行回顾和综述，以说明目前的研究成果和本书在已有研究基础上进一步分析问题的切入点。

第三章分析在完全市场机制下企业参与产业转型升级的行为选择，主要依据产业转型升级中的技术特点、市场特点对企业利益的约束来分析企业在完全市场机制作用下参与产业转型升级的程度。

第四章分析在政府产业政策的干预下，企业参与产业转型升级的行为选择，主要分析产业政策的干预改变企业收益、成本和市场环境的情况下，企业参与产业转型升级的程度。特别分析不同的产业政策如何引起企业参与产业转型升级行为选择的不同和产业政策效果的不同。

第五章分析地方政府在自身利益约束下执行上级产业政策以及制定地方产业政策中的行为选择。把地方政府放在我国现实的转型体制背景下，分析其如何利用手中的资源和体制条件，追求自身的经济利益和政治利益，这种利益追求如何决定其制定地方产业政策以及如何决定其与所辖区域内企业之间的交易关系，说明其对企业参与产业转型升级行为的影响，以及对产业转型升级效果的影响。

第六章为对比分析，也是点明文章标题的分析内容。分为两部分对比，一是对比有无产业政策干预的产业转型升级效果，通过对比，说明有了地方政府的产业政策，会对产业转型升级效果有怎样的影响；二是对比地方政府不同产业政策选择，通过对比，说明地方政府不同产业政策的选择如何导致了产业转型升级的不同效果。

第七章对本书的分析逻辑进行实证检验。选取我国近几年产业政策要求和执行情况的数据来做实例说明，检验分析的逻辑关系多大程度上在现实经济中体现出来。

第八章对本书的分析过程和分析结果做一个总结，对本书的不足之处和后续的研究进行说明。

第四节 创新之处

基本的创新点概括有三个方面：

1. 本书从微观行为逻辑上来解释我国产业政策与产业转型升级效果的关系，我们把地方政府和企业都看作微观经济行为主体，都在自身利益的约束下从事活动，根据这些活动关系来说明最终的产业转型升级效果。这不同于大多数文献从宏观经济运行原理或者从市场经济运行一般原理或者从实证分析角度来研究产业政策问题。

2. 本书根据产业转型升级不同阶段的技术特征、市场特征来分析地方政府和企业的微观行为选择，将产业转型升级过程与微观个体的行为选择结合起来解释产业转型升级效果的形成。

3. 本书从我国转型体制下特定的制度环境中分析地方政府产业政策的形成、执行、发生作用的机制以及如何决定产业转型效果的逻辑关系建立理论模型进行推理。这不同于以往的研究仅从产业理论角度对我国产业政策和产业转型进行的研究。

第二章 理论基础与文献回顾

第一节 相关概念的界定

本书的概念主要有地方产业政策、产业转型、产业转型效果、产业转型中的研发和开拓投入等。

一 地方产业政策

我们这里所说的地方产业政策既包括地方政府针对本地经济制定的产业政策，也包括地方政府如何执行上级政府的产业政策。改革开放后，我国经济治理上实行了分权治理，从而地方政府有根据本地经济需要制定政策包括产业政策的权限。这样，各地可制定自己的产业政策，而且上级也不会对地方产业政策好坏作评价，通常只是要求备案和给出建议，以及对产业政策给其地方经济产值和财政收益带来的变化作评价。从这种地方产业政策自由度上说，我国存在地方政府制定的产业政策。另外，由于我国每隔几年会有一个国家产业发展规划，这些产业发展规划都会以各种政策形式包括产业政策形式要求地方政府执行，不过地方政府怎么执行，一般由地方政府根据本地经济实际自己作出决定，当然上级政府一般会给出一些指导性指标要求，也会要求地方政府出台相应的执行政策或计划，并交给上级政府备案，但真正的执行方式、执行过程、执行力度等仍由地方政府自己决定，而这其中就贯穿和体现地方政府的意愿，从这方面说，如何执行上级产业政策也属于地方产业政策的内容。所以，我们把这两方面都称为本书所分析的地方产业政策。

二 产业转型

产业转型和升级是两个既有联系又有区别的概念。马歇尔提出的企业规模受制于其所在行业的思想，可以理解为是企业转型的理论起源。目前人们说的产业转型通常是以一个地方经济结构或产业结构来说的，以一个地方经济中的支柱产业转化来表示，反映其变化的指标包括三次产业比例的变化，还包括产业投入要素的密度和比例的变化，其本质是原有要素在变化环境下的一种重新组合，以及相应的产出结构、技术结构和产业组织的变动，人们把其理解为经济发展的一种过程和一个质的飞跃。产业的升级由 Gereffi 和 Kaplinsky 较早提出，基本是指一个经济组织提高其进入更具技术能力、获利能力的经济领域的提升过程，一般指经济组织从生产劳动密集型低价值产品向生产更高价值的资本或技术密集型产品这样一种经济角色的转变过程。Humphrey 和 Schmitz 还提出了升级的四种模式的经典理论，即企业升级包括工艺升级、产品升级、功能升级和跨产业升级。不过，产业结构是个有机体，产业转型过程通常要伴随产业的升级。而且一个地方的产业转型升级都是靠企业的行为来实现的，对微观企业来说，产业转型升级需要企业的经营内容发生改变。不管是产业转型还是升级，这种改变都使企业面临经营风险、机会和创新，这是本书分析转型所依据的主要特征，从这个意义上，本书的产业转型和升级作为同一概念对待。

三　产业转型效果

产业转型升级效果是个相对概念，评价效果的好坏有两个标准，一是是否符合产业政策的要求；二是是否实现产业本身合理的发展。本书是将两个标准结合起来评价。其中，我国是国家产业政策主导性的产业转型，根据这一现实背景，是否符合产业政策要求指的是国家产业政策的要求。在国家产业政策方向下，还考察产业转型过程中的产业成熟程度与产业扩张规模是否吻合。以此来评价产业转型升级效果。

四　产业转型中的研发和开拓投资

由于产业转型和升级都需要企业投入资源去解决新的技术难题、新的市场难题，这些投入都是促进转型和升级产业的成熟，不是增加产出规模，所以我们称其为研发和开拓投资。研发是指技术上的研发，开拓指的是市场的培育和开拓。具体投资内容包括：技术创新、企业学习和技术能力的提升、产品开发和替代、企业组织架构重建、商业模式创新、企业合作关系建设、产业链及价值链建设等。

第二节 研究的理论基础

根据本书分析对象所处的经济关系以及要揭示的问题，分析过程以多种理论为基础，基本分为两个方面：一是在分析地方政府制定地方产业政策的行为时运用委托代理的理论分析架构，二是在分析企业参与产业转型行为时运用了寡头竞争市场理论、创新理论和技术进步理论，这里简要介绍以这些理论为基础的合理性。

一 委托代理理论

委托代理理论是揭示不对称信息下行为人之间交易关系的合约理论，该理论把经济行为人的成本、收益和不对称信息结合起来解释行为人的最优化行为和利益的均衡分配结果，从 20 世纪 60 年代以来得到了快速的发展，并且从 Wilson (1969)[①]、Ross (1973)[②] 到 Mirrlees (1974)[③]、Hart et al. (1987)[④]、Holmstrom et al. (1991)[⑤]、Dewatripont et al. (2000)[⑥]，已形成较完整的严密的理论体系。具体分为单代理人单任务模型、单代理人多任务模型、多代理人多任务模型、动态化模型等。在单代理人单任务模型中，委托人与代理人之间因为信息不对称，委托人选取代理人的行为结果作为对代理人绩效的衡量和激励指标，从而产生代理人租金，通过行为人之间的博弈和最优化均衡，一是决定了租金的分配，二是决定了产出的效率，三是决定了产出的规模。在单代理人多任务模型中，代理人的多

---

① Wilson R. . The Structure of Incentives for Decentralization under Uncertainty. In Ladecision, Paris: Editions du Centre National de Recherche Scientifique, 1969.

② Ross Stephen A. . The Economic Theory of Agency: The Principal's Problem [J]. American Economic Review, 1973, 63 (2): 34 – 39.

③ Mirrlees J. A. . Notes on WelfareEconomics. Infor – matioand Uncertainty in M. S. Balch, D. L. McFadden and S. Y. Wu. eds. Conttributionisto Economic Analysis. Oxford and Amsterdam: North – Holland, 1974.

④ Hart Oliver, Begnt Holmstrom. The Theory of Contracts In Bewley, t. eds: Advances in Economic Theory. Fifth World Congress. Cambridge: Cambridge University Press, 1987.

⑤ Holmstrom B. , Tirole. Financial Intermediation, Loanable Funds and the Real Sector [J]. Quarterly Journal of Economics, 1997, 62: 663 – 691.

⑥ Dewatripont M. , I. Jewitt, J. Tirole. Multitask Agency Problems: Focus and Task Clustering. European Economic Review, 2000, 44: 869 – 877.

任务之间存在互相干扰，导致行为人形成博弈均衡后，每项任务的租金因信息的不对称增加，还因不同任务信息不对称程度而重新分配，最终的产出规模也因不同任务之间存在相互干扰而进一步扭曲。在多代理人多任务模型中，多代理人之间会存在竞争，也会存在合谋，代理人如何选择，取决于竞争与合谋之间的收益对比以及监督成本的大小，当形成博弈均衡后，代理人租金的多少、各项任务的产出规模、产出的效率都是每项任务信息不对称程度、监督成本、各个任务之间相关程度和代理人数量的函数。当引入时间因素后，行为人之间形成均衡时，代理人租金的多少、各项任务的产出规模、产出的效率仍是每项任务信息不对称程度、监督成本、各个任务之间相关程度和代理人数量的函数，但动态博弈的信息显示作用会降低信息不对称和监督成本，但也导致租金和产出规模的动态扭曲。

在我国改革开放后，中央赋予地方政府发展地方经济的相当决策权，包括产业政策制定和执行的决策权，但这也产生上、下级政府之间对经济运行信息的进一步不对称，也正因如此，中央政府也不再把考核地方经济的重点放在地方经济运行过程，而是更注重地方经济发展效果的考核。而且，中央政府通过的产业规划和产业政策也不再是详细的指标安排，主要是方向性的。这样一来，上、下级政府之间在产业政策制定和执行上就构成了委托代理关系，而且由于政治考核上的集权治理机制，下级政府之间还会存在竞争机制，这又相当于多代理人多任务体制结构，所以，运用委托代理理论来揭示地方政府制定产业政策的行为比较适合我国的制度背景。

二　寡头竞争市场理论

寡头竞争理论是一个人们很熟悉的较成熟的新古典理论。其中，古诺均衡是比较典型的寡头竞争分析之一，在这一分析模型中，竞争者之间被假定为同质的，解释处在寡头市场上它们的市场份额、产出效率如何被决定。在我们分析企业参与产业转型升级时，其一，在转型升级的初期，通常只有少数风险偏好型企业参与，这就使得这一市场呈现出寡头市场的特征；其二，对于那些产业转型升级中的创新活动，一旦有新的创新成果，处在同样创新活动的别的企业就会很快破解和模仿。这样一来，企业之间在创新活动上又具有同质性的特点。因此，我们分析企业行为就以古诺模型为分析框架还比较适合。不过随着转型升级产业有了进展，会有更多的企业跟随和参与到产业转型活动中，尤其是创新活动中，因此我们也利用古诺模型的扩展分析框架对企业参与产业转型升级行为进行扩展分析。

三　创新理论

创新理论较早是由美籍奥地利经济学家熊彼特（1912）提出来的。熊彼特所说的创新是将技术发明应用到经济活动中所引起的生产要素与生产条件的重新组合。他所说的创新包括以下几方面：（1）采用一种新的产品；（2）采用一种新的生产方法；（3）开辟一个新市场；（4）取得或控制原材料或半制成品的一种新的供给来源；（5）实现一种新的产业组织方式或企业重组。1951 年，索洛在《资本化过程中的创新：对熊彼特理论的评论》中对创新理论重新进行了较全面的研究，并首次提出技术创新成立的两个条件：新思想来源和以后阶段的实现发展。这实际上提出了技术创新的产业化实现问题。在此基础上，产业经济理论把技术创新分为三个阶段：一是研究开发阶段，包括旨在取得基本知识的基础研究、与工程有关的应用研究和开发；二是把研发的新产品和新工艺带入商业化使用阶段，这是技术创新的市场实现；三是市场化阶段，通过授予特许权，模仿取得专利创新，或采用为获得专利的创新，而使创新在产业中扩散。

20 世纪 50 年代，管理学家彼得·德鲁克在熊彼特的基础上，对创新的理解与研究做了新的拓展和延伸。德鲁克率先把"创新"这一概念贯穿于自身所构建的整个管理理念体系中，提出了"管理创新"这一全新概念。他认为，技术创新是在自然界中为某种自然物找到新的应用，并赋予新的经济价值，而社会创新是在经济与社会中创造一种新的管理机构、管理方式或管理手段，从而在资源配置中取得更大的经济价值与社会价值，因此创新包括技术创新和社会创新两部分。随着新制度经济学的发展，人们越来越注意到制度对于经济发展的重要性，制度因素在要素禀赋、技术、偏好之后已经成为经济理论的四大支柱之一。新制度经济学者认为制度变迁从某种程度上就意味着制度创新，并提出了多种解释制度变迁的相关理论模型，诺斯就是很有代表性的制度变迁理论的建立者，他认为制度创新是使创新者获得追加利益的现存制度安排的一种变革形式。在通常情况下，制度创新的具体形式取决于成本和收益以及决策者的影响力的大小，其选择通常通过个人、自愿合作性以及政府的安排来实现，并且制度的创新与变迁存在着显著的路径依赖特征，制度创新与技术创新虽然本质上都是采用一种新的发明，但技术创新是技术上的新的突破与发展，而制度创新是通过组织形式的变革和经营管理的改进来逐步实现的。

在创新理论基础上，Posner（1961）和 Vernon（1966）分别提出了技术差距理论上和产品生命周期理论，他们将国家间贸易与技术差距联系起来，认为知识密集型产品大多是在发达国家创造发明的，随着产品标准化程度的提高，该产品的生产和出口逐渐由原发明国转向其他国家，由此技术转移成为一种必然。Solow（1957）还分离出技术进步在一国经济增长中所做的贡献，Romer（1986）和 Lucas（1988）将技术进步内生化建立了内生增长模型。

在我们分析企业参与产业转型升级行为时，不管企业将原经营内容转移到新的产业还是升级原来的经营内容，都是一种创新，而且既有技术创新也有管理创新，还有制度上的创新。有的情况下，一个地区产业转型升级有可能是承接别的地区或别的国家转移的产业，但即使这样，这些转移的产业到本地区也面临如何适应，如何形成经营环境和市场环境，如何与本地经济衔接等问题，解决这些问题对当地企业同样需要创新。由于这些特征，我们以创新理论为基础来解释企业的经营内容转变过程，并揭示其转变过程的阶段特征。

第三节　国内外研究文献述评

关于政府产业政策与产业转型之间的关系在理论上和实证上学者们有着大量的成熟分析，但又一直有着不同见解之间的争论。

一　理论上的研究

在理论上，关于政府产业政策与产业结构转型升级之间的关系，一直有着市场机制主导论和政府干预论的两种思想倾向，两种倾向也都有各自关于产业政策的看法。

（一）市场机制主导论

市场机制主导论认为一国产业结构的转型升级由经济自身的演化决定，并通过市场自身的运行机制引导和调节市场主体的行为来实现。从市场引导信号的不同，分为需求偏好变动引起的产业结构变动理论和生产技术不同和生产者收益不同导致的产业结构变动理论。需求偏好变动引起产业结构变动理论认为，在经济增长进程中，各种产品的边际效用不成比例变化，改变产品的边际技术替代率，导致各种产品的消费量不平衡变化，最终影响产品供应量的结构变化，由此引起产业的转型（Echevarria, 1997[1]；Kongsamut et al., 2001[2]；Foellmi and Zweimüller, 2002[3]）。生产技术不同导致产业结构变动理论是把不同产业的增长速度、其产品的相对收入弹性、产品是替代还是互补等因素结合起来解释产业转变（Baumol, 1967[4]；Jovanovic, 1982[5]；Hopenhayn, 1992[6]；Ericson and Pakes, 1995[7]；Lucas, 2005[8]；Ngai and Pissarides, 2005[9]；Acemoglu and Guerrieri, 2008[10]）。

支持市场机制主导产业转型升级的研究者们认为：第一，自由企业制度是干扰不得的，因为其是人类已知的最完美制度，产业政策难以协调市场中的利益，而且容易为不同利益服务（Bingham, 1998）[11]；第二，政府自身的机构人员不一定称职，也就不一定使产业政策行之有效；第三，从经济本身的发展趋势讲，政府没有挑选赢家的能力，即政府没有能力确定

---

① Echevarria C.. Changes in Sectoral Composition Associated with Economic Growth [J]. International Economic Review, 1997, 38 (2): 431 –452.

② Kongsamut, P. R. Sergio, D. Y. Xie. Beyond Balanced Growth [J]. Review of Economic Studies, 2001, 68: 869 – 882.

③ Foellmi R., J. Zweimüller. Heterogenous Mark – Ups, Demand Composition and the Inequality – Growth Relation, mimeo, University of Zurich, 2002.

④ W. J. Baumol. Macroeconomics of Unbalanced Growth: The Anatomy of Urban Crisis [J]. American Economic Reviw, 1967, 57: 415 –426.

⑤ Boyan, Jovanovic. Selection and the Evolution of Industry [J]. Econometrica, 1982, 50 (3): 649 –670.

⑥ Hopenhayn, Hugo. Entry, Exit and Firm Dynamics in Long – Run Equilibrium [J]. Econometrica, 1992, 60: 27 –50.

⑦ Ericson R., A. Pakes. Markov – Perfect Industry Dynamics: A Framework for Empirical Work [J]. Review of Economic Studies, 1995, 62: 53 –82.

⑧ Lucas, Robert E. B. International Migration and Economic Development: Lessons from Low – Income Countries. Northampton, MA and Cheltenham, UK: Edward Elgar, 2005.

⑨ Ngai L. Rachel, Pissarides, Christopher A.. Structural Change in a Multi – sector Model of growth. IZA Discussion Papers, No. 1800, 2005.

⑩ Acemoglu D., Guerrieri V.. Capital Deepening and Non – Balanced Economic Growth [J]. Journal of Political Economy, 2008, 116 (3): 467 –498.

⑪ Bingharn R. D.. Industrial Policy American Style: From Hamilton to HDTV. M. E. Sharpe, 1998.

产业政策给予支持的产业必定有发展前途，必定能获得成功，而且即使有前途，这种干预会提高其他产业部门所需经济资源的价格，增加其他部门的成本，这给经济运行带来的损失可能超过政策干预的收益（Baldwin，1992）[1]；第四，政府的产业政策干预行为很容易受非经济的政治左右，被政治集团利用，还容易导致腐败；第五，现实经济中，产业政策对经济结构的产业转型升级起积极促进作用，以及对经济发展起积极促进作用的证据不足；另外，在开放经济时代，在一个良好国际惯例和世贸规则下，产业政策的存在也越来越没必要。

因此，市场机制主导论的研究者们对产业政策的看法是政府努力消除人为干预，制定维护市场公平竞争秩序的制度和培育保证参与产业转型升级行为自由公平的环境，比投资于扶持产业调整的行为更可取。

（二）政府产业政策干预论

政府产业政策干预理论认为，产业结构的演进有其规律性，根据这些规律制定产业政策干预经济，就能促进经济较快发展。这些产业政策和所依据的规律包括罗森斯坦—罗丹的"大推进理论"（Rosenstein - Rodan，1943）[2]、"增长极理论"（Perrous，1955）[3]、"中心外围理论"（Raul Prebiseh，1950）[4]、"联系效应理论"（Hischman，1958）[5]、20 世纪 80 年代以来的"战略性贸易政策理论"（Brander and Spencer，1983[6]，1985[7]）等，其中，战略性贸易政策理论还从微观基础上揭示了产业政策干预的原理，克服了传统产业政策理论没有微观基础的弊端。

支持产业政策干预产业转型升级的研究者们认为：第一，市场机制不

---

① Baldwin R. . High Technology Exports and Stratagic Trade Policy in Developing Countries: the Case of Brazilian Aircraft ［M］. Oxford: Clarenden Press, 1992.

② Paul Rosenstein - Rodan. Problems of Industrialization of Eastern and South - Eastern Europe ［J］. Economic Journal, 1943, 53: 2 - 11.

③ Perrous F. . Note sur les Notion de Pole de Croissance ［J］. Economie Appliquee, 1955, 7 (1 - 2): 307 - 320.

④ 劳尔·普雷维什:《外围资本主义——危机与改造》，商务印书馆 1990 年版。

⑤ A. O. Hischman. The Strategy of Economic Development ［M］. New Haven: Yale University Press, 1958.

⑥ Brander James A. , Spencer, Barbara. Strategic Commitment with R&D: The Symmetric Case ［J］. Bell Journal of Economics, Spring 1983, 14 (1): 225 - 235.

⑦ Brander James A. , Barbara J. Spencer. Export Subsidies and International Market Share Rivalry ［J］. Journal of International Economics, 1985, 18: 83 - 100.

是完美的，不能保证产业转型升级的结果最优，而且市场机制本身还无法克服其不完美。过去，政府的产业政策效果差，是政府产业政策没有制定和执行好，并不能以此否定产业政策转而依赖市场机制，相反是改进产业政策的机会和理由（Lall，2003）[①]；第二，产业政策是不发达国家赶超发达国家的必要工具，利用产业政策能克服发展中国家存在的严重信息外部性和协调外部性（Rodrik，2004[②]，Klinger and Le‐derman，2004[③]），由于产业转型升级需要技术、市场和管理等的创新，如果没有产业政策的保护，信息的外部性将阻碍创新性行为，发展中国家将难以实现赶超（Hausmann，2006）[④]。历史中，任何一个国家的崛起都离不开一定的产业政策（Hellman and Schankerman，2000[⑤]；Chang，2001[⑥]）。

产业政策干预论的研究者们对待产业政策的看法是，根据经济发展的需要，积极采取产业政策干预企业行为，不管是发展中国家还是发达国家，都具有产业政策干预的必要性。当然，根据经济状况应制定合适的产业政策，而且产业政策作用效果好坏的关键在于政府要不断地提高自身制定和执行产业政策的能力。

国内学者对产业政策理论问题也有研究。比较有影响的有林毅夫的"新结构经济学"（2007）[⑦]，这是其在结合前人研究的基础上提出的综合分析，他认为发达国家和发展中国家在世界产业链中所处的位置不同，产业转型升级的方式也不同。发达国家处于世界产业链的最前沿，企业难以在谁是下一个有前景的新产业的问题上达成共识，政府也没有更准确的信息，因此，发达国家的产业升级只能主要依靠市场。发展中国家处于世界

① Lall S. . Reinventing Industrial Strategy: The Role of Government Policy in Building Industrial Competitiveness [C] . http: //the Intergovernmental Group on Monetary Affairsand Development, 2003.

② Rodrik. D. . Industrial Policy for the Twenty - first Century. http: // ksghome. Harvard. edu, 2004, Sept.

③ Klinger B. , D. Le - derman. Discovery and Development: An Empirical Exploration of New Products [C] . World Bank, 2004 Aug.

④ Hausmann R. Doomed to Choose: Industrial Policy as Predicament [C] . http: // blue sky seminar, 2006.

⑤ Hellman J. , M. Schankerman. Intervention, Corruption and Capture: The Nexus between Enterprises and the state, Economics of Transition [J]. 2000, 8 (3): 545–576.

⑥ Chang Ha Joon. Industrial Policy, Innovation and Economic Growth: The Experience of Japan and the Asian NIEs [M] . Singapore : Singapore University Press, 2001.

⑦ 林毅夫:《新结构经济学》，北京大学出版社 2012 年版。

产业链的中后端，产业结构变动时，所投资的是技术成熟、产品市场已经存在、处于世界产业链内的"新产业"，是有先验信息的。因此，在发展中国家，企业很容易对哪一个是有前景的新产业的看法达成共识，政府相对于企业具有总量信息优势，可以利用这一信息优势制定产业政策引导产业升级。这一观点为不同的国家进行产业政策干预和不进行产业政策干预都提供了解释理由。和林毅夫有区别的是，张冰、金戈根据比较优势理论认为（2007）[①]，发达国家和发展中国家都可实施产业政策，不过要区分诱导性政策和强制性政策，对发达国家来说，由于关于经济中比较优势动态变化以及下一个有前景的产业是什么的信息，政府并不清楚，所以适宜采取以私人部门为主导的诱导性产业政策，通过市场竞争使所有的经济主体自发地相互作用和交流，虽然这一政策有可能带来"潮涌现象"，但在这个过程中能让不同人掌握的信息发生交互。而对于发展中国家来说，发达国家的产业结构变迁路径已经为他们提供了一个示范，政府和市场中的经济主体很容易就下一个有前景的产业达成共识，所以适宜采取强制性产业政策，不然诱导性产业政策会导致"潮涌现象"，引起资源的浪费。

在对我国产业政策的分析上，曹休林认为（2007）[②]，我国适合采取干预性产业政策有六个方面的条件：一是市场无效性强；二是国家可以准确判断合意的产业结构演进目标；三是在我国不通过产业政策找不到更好的办法克服市场的无效性；四是政府的干预可以遵从收益大于成本的原则进行；五是我国政治上是集权治理机制，政府的产业政策是可贯彻、可实施的；六是产业政策的效果是可识别、可评价、可检验的。但他也承认产业政策的成功实施依赖于严格的条件，不过不能因为严格的条件要求就在我国否定产业政策，我国任何时候都离不开产业政策，目前只要注意把握好四个原则就行：一是局部性原则，二是间接弹性原则，三是审慎性原则，四是竞争优先原则。还有国内很多学者就我国不同行业的产业政策效果、存在的问题和改进的办法进行了研究。

二 对产业政策理论研究文献的评论

首先，不管对是否应该实施产业政策有怎样的观点，研究者们都详细分析了产业政策干预给经济运行和经济发展带来的好处和坏处，这为我们

---

① 张冰、金戈：《港台产业结构变迁：模型与比较》，《台湾研究》2007 年第 2 期。
② 曹休林：《产业政策研究的新进展》，《中国工业经济》2007 年第 12 期。

认识经济是否适合产业政策干预提供了理论分析基础，也为我们评价产业政策干预效果提供了理论基础。但这些理论分析还不能给人们一个对待产业政策的准确理论依据，原因是这些理论都基本停留在影响产业政策作用效果的因素发现上，并没有一个完整和严密的产业政策作用机制理论体系，也没有严密的理论模型推理。比如，市场机制主导论认为，产业政策的干预会导致经济付出的成本大于干预带来的收益，那么，如果政府对那些干预收益大于干预引起的经济成本的内容实施产业政策干预是不是就合理了呢？如何证明经济中所有的产业政策干预都是帕累托无效的呢？可惜没有一个完整的经济模型证明，也没形成一个完整的理论体系。再比如，产业政策干预论的研究者们认为，政府通过总结过去的产业政策失败的教训，会不断提高自身制定和执行产业政策的能力，所以产业政策的作用效果总能得到提高。但经济环境在不断改变，政府在过去产业政策失败中所学到的知识不一定在新的产业政策制定和执行中同样有效。而且也没有一个完整的理论或经济模型来论证产业政策干预一定是必要的，或者对一些国家是必要的，对另一些国家是不必要的，或者对一国经济来说是帕累托改进的。这说明，我们在产业政策理论研究上还有很大空间。

其次，不管产业政策干预对经济是好还是坏，至少我国目前还是坚持产业政策干预为主导的政策方向，那么面对我们所处的经济社会环境，我国产业政策作用效果的形成机制是怎样的？已有的研究给我们提供了对这一问题进一步研究的基础和空间，并且目前很少有文献从我国特定经济制度环境中分析产业政策发生作用的机制，所以本书就试图对这一研究做些尝试。

三 实证研究

对产业政策效果的检验其实是和其理论上的研究和观点相对应的，但为了说明实际经济中的证据，我们专门对实证检验进行综述。

首先，对于产业政策干预的有效性检验上，有有效论和无效论两种结果。有效论的实证检验典型的是人们对日本战后产业政策作用效果的检验。Johnson（1982）[1] 以日本通产省的政策对日本重化工业的发展为例进行了检验，结论是其产业政策对提升其产业国际竞争力发挥极大的作用。

---

① Johnson, Chalmers. MITI and the Japanese Miracle: The Growth of Industrial Policy, 1925 – 1975 [M]. Stanford: Stanford University Press, 1982.

Ito（1992）① 检验了日本产业政策对产业结构生产率的影响，发现日本的经济快速增长得益于其产业政策有效地提升了产业部门的生产率。另外，Amsden（1989）② 和 Wade（1990）③ 还分别对韩国和中国台湾的产业政策进行了检验，也得出这些地区因产业政策让经济快速增长。产业政策无效论的实证检验有 Beason 和 Weinstein（1996）④ 的分析，他们同样以日本为分析对象，将日本从 1955 年至 1990 年间政府产业政策对各主要工业部门扶持力度的数据进行了整理，并分析各相应产业部门的增长速度和生产率的变化，还分析那些不受产业政策扶持的产业部门的变化，通过检验和对比，他们发现部门发展速度与产业扶持力度呈负向关系，这证明日本产业政策其实是无效的。另外，Tybout（1992）⑤ 对治理的实证分析也证明产业政策的无效，他以政府对规模经济的产业政策干预为例，分析发现政府希望促进规模报酬的产业政策导致相应的部门大多是规模报酬递减的。Eaton 和 Grossman（1986）⑥ 还以空客和波音两家公司进行检验发现，政府的出口补贴政策有可能起着完全相反的作用。

其次，对产业转型升级问题的实证检验上，很早的时候配第（1691）⑦ 就开始过实证检验，其对制造业、农业和商业之间的产业变化关系进行了检验，得出了"配第定理"。之后，克拉克（1930）⑧ 系统地搜集和整理了世界主要国家的经济统计资料，进一步对工、农业之间的产业变化进行检验，得出与"配第定理"一样的结论，即随着生产力的发展，产业比重会向收入高的产业转移。1958 年，赫夫曼在《工业经济的增长》一书中用消费资料工业净产值和资本资料工业净产值建立赫夫曼

---

① Ito. T. . The Japanese Economy［M］. Cambridge Mass：MIT Press，1992.

② Amsden A. H. . Asia's Next Giant：South Korea and Late Industrialization［M］. New York：Oxford University Press，1989.

③ Robert Wade. Governing the Market：Economic Theory and the Role of Government in East Asian Industrialization［M］. Princeton University Press，1990.

④ Beason R. , Weinstein D. E. . Growth，Economies of Scale，and Targeting in Japan（1955 – 1990）［J］. Review of Economics and Statistics，1996，78：286 – 295.

⑤ Tybout J. . Linking Trade and Productivity：New Research Directions［J］. World Bank Economics Review，1992，6：189 – 211.

⑥ Eaton J. , G. Grossman. Optimal Trade and Industrial Policy Under Oligopoly［J］. Quarterly Journal of Economics，1986，101：383 – 406.

⑦ 威廉·配第：《政治算术》，商务印书馆 1960 年版。

⑧ Colin Clark. The Conditions of Economic Progress［M］. Macmillan，1st edition，1940.

比例来反映产业结构变化对英国和法国的经济结构变化进行了检验，结论是工业化进程使赫夫曼比例不断下降，并称为赫夫曼定理。库兹涅茨和钱纳里还从发展早期国家和发展后期国家的角度更细致地验证了赫夫曼的发现。这些经典的检验分析都表示市场机制下，通过要素流动的途径会实现产业由收入低的产业向收入高的产业变迁。

在对国内产业转型升级的实证分析上，除了一些文献对我国各行业实施的产业政策与产业政策效果之间的关系进行检验和评价外，有一批文献开始分析我国特有的政治治理机制对地方产业政策进而对产业变迁的影响。这些文献认为，对于我国地方政府的执政者——地方官员来说，他们要追求自身的政治、经济利益，因此官员的不同特征就会直接和官员促进产业转型的行为相关，并体现在这些官员对产业转型投入、推动新的产业转型项目、对产业转型升级政策的强调等上面，如果这样的关系成立，那么我国的体制特征就会影响到我国的产业转型升级效果。其中，宋凌云、王贤彬、徐现祥（2012）① 从时间层面检验了地方官员任期与产业转型的关系，发现我国短期内产业转型依靠官员引导，长期主要靠市场机制主导，并且每届政府任期前几年产业转型明显，后几年不明显，可能的原因是，每届官员在自己任期内总想在产业转型上做出点不同的成绩，为自己积累政绩，所以导致短期内产业转型明显，且任期前几年产业转型明显。长期内由于地方官员没有实现产业成功转型的能力，所以长期产业转型体现出市场机制主导，并且官员任期后几年产业转型效果不明显；Maskin et al.（2000）② 、周黎安（2005）③ 、王贤彬（2011）④ 等的检验发现，地方政府官员受纵向的政治评级和横向的政治竞争双向约束，从而导致官员从事产业转型升级与其政治晋升之间关系敏感，也导致地区之间产业转型的协调与地区官员竞争性之间关系敏感；张军（2005）⑤ 也发现地方产业转

---

① 宋凌云、王贤彬、徐现祥：《地方官员引领产业结构变动》，《经济学季刊》2012 年第 10 期。

② Maskin E., Qian Yingyi, Xu Chenggang. In - centives, Information and Organizational Form [J]. Review of Eco - nomic Studies, 2000, 67：359 - 378.

③ 周黎安：《企业规模与创新：来自中国升级水平的经验证据》，《经济学季刊》2005 年第 4 期。

④ 王贤彬：《辖区经济增长绩效与省长省委书记晋升》，《经济社会体制比较》2011 年第 1 期。

⑤ 张军：《中国经济发展：为增长而竞争》，《世界经济文汇》2005 年 4 月。

型过程中存在地方保护和重复过量生产，但在贸易联系上却是不断加强的；徐现祥（2007）[①] 发现地方官员在一定的地方经济条件下，在产业发展上也会理性地选择合作；张少军和刘志彪（2010）[②] 将财政分权和政治晋升相结合来分析地方产业转型，认为只要在这样的分权治理结构下，必然导致地区之间在产业转型升级上进行低水平竞争和割据。张军和高远（2007）[③]、王贤彬、徐现祥（2008）[④]、杨海生和罗党论（2010）[⑤] 则从地方官员的来源、去向、任期、更替、特定晋升途径、特定任职经历等维度检验了地方官员从事地方产业转型以促进地方经济发展效果上的差异，他们的检验发现，在来源上，来自于中央调任到地方的官员不如地方之间调任的官员对产业转型升级的投入作用大；而在去向上，来自中央之后又调入中央的官员对地方产业转型升级的投入作用较小，地方之间平调官员对地方产业转型升级投入作用较大，离任和来自中央后不调入中央的官员对地方产业转型升级的投入作用次之；在任期上，从产业的就业变动、产业的销售额比重、产业增加值比重、产业的总产出比重等几方面的检验都反映出地方官员在任期的第一年对地方产业转型升级的引领作用最大，随着任期的增加，这种引领作用下降，到了任期第 3、4 年引领作用不再显著。宋凌云、王贤彬、徐现祥（2012）的检验还发现，地方官员引领产业转型的作用还受地方市场机制完善程度的限制，市场越发达的地区这种引领作用越显著。

四　对产业政策实证研究文献的评论

首先，已有的实证研究所得出的结论为我们根据这些结论去寻找产业政策发生作用的原理提供了依据。同时这些研究也表明，产业政策的作用效果在实际经济中也仍是难以分辨出好坏的，这给我们提出了很多值得进一步研究的课题和疑问，比如，那些证明产业政策有效的实证分析通常都是以单个案例作为分析对象，检验分析对象本身产业政策前后的变化，而

---

① 徐现祥、王贤彬、舒元：《地方官员与经济增长——来自中国省长、省委书记交流的证据》，《经济研究》2007 年第 9 期。

② 张少军、刘志彪：《我国分权治理下产业升级与区域协调发展研究》，《财经研究》2010 年第 12 期。

③ 张军、高远：《官员任期、异地交流与经济增长》，《经济研究》2007 年第 11 期。

④ 王贤彬、徐现祥：《地方政府官员来源、去向、任期与经济增长》，《管理世界》2008 年第 3 期。

⑤ 杨海生、罗党论：《资源禀赋、官员交流与经济增长》，《管理世界》2010 年第 5 期。

那些证明产业政策无效的实证分析通常把多个部门综合起来分析，这似乎体现了理论分析中产业政策干预的收益和给经济造成的总成本的对比，从而表明我们更需要研究产业政策在经济中的作用机制。

其次，已有的实证研究文献表明，国内的一些学者已不只满足于既有的产业理论对我国产业政策和产业转型升级分析上的应用，而是开始注重从我国特殊的制度环境来解释产业转型升级问题。但这些分析还主要是初步计量检验发现，从作用机制上解释我国特有的转型体制如何决定产业政策的形成和执行以及产业政策与产业转型效果之间逻辑关系的理论还未形成，当然也是人们进一步探讨的方向之一。本书就是在这些文献的启发下，希望在这方面做些尝试。

第三章 企业自身从事产业转型行为的分析

一个产业内，有许多的企业在从事生产经营活动，正是有许多企业从事该产业的生产经营，该产业才得以存在，一个产业的转型升级过程也是由该产业内的这些企业投身到产业转型升级活动中才得以实现，企业投身于产业转型升级的状况如何，整个产业的转型升级效果就如何。从这种依赖关系来说，产业转型升级最终要依靠甚至取决于该产业内的微观个体——企业。那么，企业最终是否愿意参与产业转型升级？参与到什么程度？其经营内容如何向新产业转变或者向新产业升级？对某一旧产业来说，我们通常观察到的产业转型升级的情况是：开始时，旧产业中的少数企业率先投身到向新产业的转型或升级，这少数企业属于冒险性企业，后来又有别的企业慢慢跟进，这些企业在跟进时，其中一些可能模仿先前的企业，另有一些在模仿中可能加入新产业的创新活动中，这取决于这些跟进企业在跟进过程中所能获取新知识的情况。这样，旧产业向新产业的转型升级就慢慢有了探索过程。再后来，当这种探索过程中出现前景或商机时，就会有更多的企业参与进来，并将新产业发展起来。在本章中，我们先来分析没有政府产业政策干预的市场经济环境下，微观上的个体企业是如何投身到产业转型升级活动中的，也就是分析企业自身参与产业转型升级的行为，之所以称为企业自身参与产业转型升级行为，是想强调企业不受政府外力干预情况下的行为特征。此时，一个旧产业内的企业是否愿意投身到产业转型升级活动中和投身到产业转型升级的程度，完全由市场自由竞争机制来决定。当然，现实经济中大多都有政府产业政策的存在，我们这里对纯粹市场竞争机制下企业行为的分析有理论抽象性，主要为后面对比分析做参照。

第一节　完全市场机制下企业参与产业
转型升级的经济机制

在完全市场竞争机制下，从经济现象上观察，一个旧产业的转型升级通常是在这个产业内绝大多数企业出现严重生存压力时才会发生，因为这时的企业生存压力不是因为企业经营不好导致的，而是该产业在整个经济结构的演进中慢慢没有了市场前途导致的，否则，即使有些企业离开了该产业，别的企业还会继续经营该产业，甚至会有新的增量资本向该产业流入，该产业也就不会在经济结构演进中被转型和淘汰。因此，在完全市场机制作用下，可以推断，那些处于被转型升级的产业，整个产业的利润率应该都会很低，因为一方面，整个经济对该产业的需求在下降；另一方面，在有限的市场前景下，产业内已大量存在的同行企业之间必然产生激烈竞争，这也使产业利润空间狭小；再者，对于这些已进入衰落期的产业，整个产业的市场经营模式、市场竞争模式应该是很成熟并已固定，不再会有帕累托改进的可能。所以，可以认为旧产业的利润率很低的不变值，正是这种旧产业中无法改变的生存压力，才有企业普遍转型的动力。

一　市场竞争中企业参与产业转型升级的激励机制

在完全的市场竞争机制下，经济中发生产业转型升级时，决定企业投入产业转型升级行为的经济机制是市场经济运行所形成的边际激励和风险激励。其中，边际激励是指在整个经济的产业结构演变过程中，不同产业之间的经营收益对比会发生变化，这种变化通过市场竞争机制，改变着每一产业内企业生产的边际成本、边际收益甚至边际利润，导致不同产业内的企业各自调整自己在原产业的生产投入规模，并决定对新产业的生产投入规模，结果不同产业在产业结构中的比率状况发生了改变。这样一个过程就是市场机制的边际激励机制。这种边际激励对企业经营内容变化起作用的过程类似于马克思的资本平均利润形成原理。在这一过程中，对企业经营内容改变起关键作用的调整变量是企业的资本，即通过企业在不同产业间投入的资本量的消长实现不同产业的消长。风险激励则是指在整个经济的发展过程中，不同产业之间的企业经营风险以及与风险相对应的收益不断发生相对改变，不同产业之间还不断产生风险收益差异，由于每一企业总是根据自身的风险偏好和风险承受能力作出经营决策，那么这种产业间的风险变化和风险收益差异自然引起各产业内的企业会调整其对原产业生产的投入规模以及其对新产业的投入规模，这个过程就是市场机制的风险激励。风险激励发生作用的原理是风险偏好筛选机制和风险与收益的对等原则。

边际激励发生作用的过程可描述为：

第一，整个经济产业结构演变过程中，不同产业之间利润率产生对比变化并出现差异。

第二，这种差异驱使资本从利润低的产业流向利润高的产业，资本流动使各产业资本规模发生变化，在产业的产品需求市场约束下，产业内企业之间的竞争状况也发生变化，最终是利润率高的产业，利润率开始下降，利润率低的产业，利润率开始上升，这一过程一直持续到不同产业之间的利润率趋于一致为止。

第三，对于没有市场前途的产业，在产业结构的演进过程中，通过其利润率相对不断下降，使资本从该产业不断流出。由于资本的不断流出，剩下的资本的市场竞争压力有所缩小，资本的生存状况有所改善，资本往外流出的速度暂时有所放慢，但随着该产业经营前景进一步暗淡和新产业收益的进一步提高，这种流出会有新一轮的加速过程。

第四，对于新产业，由于在整个经济产业结构演进中，其利润率相对一直较高，资本会不断流入该产业，最终到该产业中企业之间的竞争加剧，导致其期望利润率与其他产业趋于一致为止，但如果新产业在产业发展上获得了新的突破，新一轮的资本流入又会产生，这种过程会不断重复发生，直到该产业的技术完全成熟。

边际激励中的产业之间利润率的相对变动原因可以是生产产品的边际成本变化，或者边际收益变化，或者二者同时变化。

风险激励发生作用的过程可描述为：

第一，整个经济产业结构演进过程会使得不同产业之间风险分布不同，对应的风险收益也不同。

第二，在风险收益对等原则的驱使下，资本会从风险收益低的产业流向风险收益高的产业，同样伴随着不同产业的规模变化和产业内企业之间竞争状况的变化，在产业的产品需求市场约束下，产业内企业的经营风险和收益在不断变化，这种资本流动和产业内的风险收益变化过程一直持续到整个产业的风险收益趋于一致为止。在风险偏好筛选机制作用下，一些资本流向风险低的产业，一些资本流向风险高的产业，当然各产业的资本规模变化将引起产业内企业经营风险的变化，这一资本流动过程一直持续到不同风险偏好的资本到达其合意的风险收益位置为止。

第三，对于没有市场前途的产业，随着产业结构的演进其企业经营风险不断提高，风险收益却不断下降，从而资本不断流出，直到该产业被淘汰为止。

第四，对于新产业，其风险开始比其他产业要高，但其风险收益不一定比其他产业低，于是吸引一些风险偏好的资本流入，随着该产业资本规模扩大，产业趋向成熟，其风险不断降低，但风险收益仍不一定比其他产业低，于是除了风险偏好资本流入外，风险中性、风险厌恶资本也开始慢慢流入。

风险激励和边际激励在企业参与产业转型中是同时起作用的，但在产业发展的不同阶段则由不同激励机制发挥主要作用。一般在新产业发展初期，新产业的不确定性使产业发展风险很大，产业的发展主要依靠风险激励对企业发挥作用，边际激励是次要的作用，这时吸引那些风险偏好型的企业资本参与新产业的发展。对于那些处于衰落期的产业来说，同样有很大的风险，这种风险不是因产业的发展不确定性导致的，而是因企业之间激烈的竞争和艰难的经营前景决定的，但这时旧产业风险收益极低，企业是否经营旧产业是产业之间的收益对比和企业自身资本实力决定的，所以主要是边际激励仍起主要作用，引导一些企业资本继续坚持在旧产业中经营，一些企业资本转移到别的产业。在产业发展的扩张阶段，产业的风险较小，边际激励发挥主要作用，引导企业资本向高收益产业转移。

二　影响企业行为选择的因素

不管市场机制以哪种激励作用驱使企业投身到产业转型升级过程中，都离不开两个关键因素：一是产业之间出现利润率差异、风险差异和风险收益差异；二是同一产业内企业之间所形成的市场竞争格局，以及在这个格局下企业的生存状况。两个关键因素共同对企业的行为起作用。例如，有时一些产业内的企业利润率普遍很低，市场经营风险也很大，生存艰难，但寻找不到别的更好的可投资产业，想转型也转型不了，不得不进一步把有限的资源更低效地投到原产业去维持市场中的生存机会。而有时经济中出现新产业，但新产业中的企业垄断着该产业，别的企业难以进入，想转型到新产业也不能实现。有时旧产业中的企业垄断着市场，由于其能利用垄断势力获取垄断租金，即使新产业出现，企业也一时间不愿转向新产业。还有的时候，新产业在产品还不成熟阶段就已过度竞争，使得处于新产业内的企业无利可图，也难以积累盈利去提升该产业，结果新产业不能发展起来，产业的转型升级也不能实现。所有这些都体现出，产业转型升级的效果是由产业之间出现相对差异和各产业的企业之间所形成的竞争格局共同决定的，而不是一个方面的因素就决定得了的，当然这些差异和竞争格局随着时间的推移也是可以改变的。

　　产业之间形成差异和差异的变化是在经济发展过程中由产业的投入要素禀赋、生产中的技术、产品的市场需求偏好等环节产生的，不同地区这些方面的状况会不一样，因此各地的产业转型会不一样。一些地区的产业转型可能是将别的先进地区产业转移到该地区，利用本地区既有的资源、技术和市场条件来发展新产业，我们把这样的产业转型升级称为承接产业转移的产业转型，比如我国改革开放初期的开放地区产业转型以及当初整个加工业的产业转型就是承接国外的加工业技术和经营模式。另一些地区产业转型则是通过创造新产业来实现产业转型和产业结构的变化，例如发达国家和经济体的产业转型就是这样，他们主要靠自己创造新技术和应用新技术来发展新型产业。其中，对那些创新型产业来说，技术起着关键的作用，技术上的突破决定某一新的产业能否出现和能否形成市场。而对于承接产业转移的产业转型来说，在自身资源状况前提下培育相应的市场环境则是关键环节，市场环境培育起来后，产业就顺利发展，因为其技术和经营模式都已经成熟，直接从别人那里承接过来。但尽管技术创新和培育市场环境是产业转型升级中的两类不同事情，对微观个体的企业来说，开始阶段在这两类内容上的投入都有着共性，那就是风险较大，收益较低，还有很大的外部性。因此，即使有些新兴产业很有前景，旧的产业生存也很艰难，企业也想产业转型，但企业不一定有从事产业转型的实际行动。

　　首先，对于技术创新型的产业转型来说，其一，产业的技术研发和技术应用能否成功是不确定的，而且还需要大量的人力资本投入；其二，新产业的新产品市场能否成功是不确定的，因为其没有经验可依赖，而且同样需要大量的资本投入，还需要大量时间投入，因为新产业的产业环境不具备，需要重新慢慢形成，包括上下游配套产业的出现、产业服务环境的出现、产业集聚和市场影响力的形成，而这些都是产业转型实现盈利所必需的基本条件；其三，产业的技术和技术应用一旦成功，人们就会跟着其产品进行模仿，即使有专利的保护，合约的不完全性总会使市场中出现高模仿的类似替代产品，更关键的是这种外部性带来的模仿产品成本低，反过来将对创新企业将构成致命的竞争威胁。结果投入产业转型的创新企业在初期阶段必然是风险高、收益低、投资成本大。

其次，对承接产业转移的产业转型来说，其一，尽管承接产业已有成熟的技术和经营模式，但对承接的产业，要形成市场环境和产业链，仍需要大量时间和资金投入，包括形成产业规模引导上下游配套产业的出现、产业服务环境的形成、产业集聚和市场影响力的形成，而且在这一市场环境开拓过程中很难实现盈利；其二，通常这类产业转型的地区产业处于较低端水平，企业的资金能力有限，为新产业提供的资金支持也就有限，所以转型企业会承担大的资金和风险压力；其三，当市场环境形成后，具有极大外部性，其他企业可以无成本或很低成本地使用产业的市场环境和产业链，这些企业由于节省很多成本，反过来将对原始转型企业构成致命竞争威胁。

所有这些产业在转型进程中出现的风险、外部性和低回报，会使得企业之间更愿意采取"搭便车"行为，即每个企业都不愿意自己率先投入到产业转型中，而是等别的企业去承担产业转型中的创新成本，然后自己跟着享用产业转型后的经营环境，结果是企业之间必然陷入集体"囚徒困境"，即使它们都经营很艰难。甚至只有新产业在开始阶段的收益比其他产业高出很多，多到满足奥尔森所揭示的"集体行动的逻辑"的条件时，经济中的产业转型才会发生，这种市场机制下企业参与产业转型升级的困境局面非常类似于市场机制下的技术创新困境问题。

不过企业还是有一定异质性的，这种异质性体现在风险偏好、资本规模、市场地位、创新精神等各方面，这会使在各方面阻力下还是有少数企业会投入到产业转型中。另外，市场经济本身存在的一些竞争文化也是少数企业率先投入产业转型的重要条件，比如最先从事产业转型的企业虽然短期内不能获得盈利甚至亏损，但却可以奠定自身在市场中的产业领先地位和声誉，为长期的盈利创造条件，只要长期盈利上能有优势，企业就会投入产业转型。

三　企业经营内容上的转型过程

当企业投入产业转型后，并非马上就把全部资本和经营内容都转移到新产业，根据边际激励和风险激励原理，企业会在原产业与新产业之间进行平衡，在平衡中，企业既会经营新产业，也会经营原产业，伴随平衡关系变化，企业在旧产业和新产业之间逐渐转移，这个过程会持续相当长一段时间。决定这种平衡关系的理论是利润率和风险收益在不同产业之间不断趋于一致，但这揭示的是长期趋势问题，具体到企业经营转型过程，企业在经营内容上的依赖关系决定了企业需要做这样的平衡。

就旧产业对新产业的支撑作用来说，首先，在产业转型的进程中，新产业与旧产业相比一般都是资金比较密集一些，或者技术和知识比较密集一些的，因此需要大量的资本投入才可能进入新产业的门槛，在开拓新产业初期，新产业能否开拓成功是不确定的，在很长一段期间内新产业赢利也是很低甚至亏损的，所以企业就需要依靠原产业经营积累资金，给予开拓新产业以支持；其次，有些产业转型是对原产业进行升级更新实现的，这时新产业的发展更离不开原产业，依靠原产业的存在给新产业的技术更新提供既有技术基础，也为新产业的技术创新提供激励；最后，对于淘汰旧产业的产业转型来说，在一个新产业没有成型之前，继续经营原产业是企业降低开拓新产业进程中经营风险的重要举措。

就旧产业本身的淘汰进程来说，首先，旧产业的淘汰是在经济发展中出现替代旧产业的经济功能的新产业后被淘汰的，否则即使一些资本转向了新产业，旧产业的功能仍不可缺少，现代很多大型企业或企业集团都是跨领域经营者，那么在产业转型初期，这种产业替代还没能发生时，企业就需要保留旧产业的经营满足自身正常运行的需要；其次，对于那些通过对原产业进行升级实现的产业转型来说，这类产业一般都是一个地区资源禀赋上具有比较优势的产业，或者一个地区在开放市场中已形成产业特征优势的产业，或者一个地区的支柱性产业，因此这类产业不管是进行哪方面的升级，有些环节因其地区特点仍具有优势，在升级未成功前，原产业依靠其某些环节上的优势按原模式仍有经营的有利之处；最后，新产业出现并不是马上能解决旧产业所面临的所有问题，只有新产业出现后，在新产业基础上不断出现更多的创新，出现更多解决旧产业问题的机会，旧产业才会被淘汰，所以旧产业在很长一段时间会继续存在，一些企业也就会在参与产业转型时仍保留旧产业经营。

企业经营内容上的转型过程可分为四个阶段：

第一阶段：新产业尝试阶段。这一阶段与新产业相关的旧产业处于产品成熟期或后期，产业中的企业之间正进行着低水平的激烈竞争，尤其价格竞争，所以企业的利润率处于很低水平，于是企业产生了对新技术、新产品的强烈需求。一方面，市场中出现一些针对需求的新技术、新产品研究机构或企业；另一方面，一些风险偏好型的企业开始拿出一部分资金购买新技术、新产品专利，向新产业投资，不过这时企业在新产业生产的产品较单一，从事该产业的企业数量少，难以形成独立的生产体系和市场体系，也不能在经济中与原产业在市场、技术、制度等方面相融合。但企业往往把大量的高层资源投入到该产业，并形成自身在该产业的信息优势、研发优势、市场领先开拓能力优势，这种优势为企业储藏了潜在资本。

这一阶段新技术、新产品的掌握和风险对企业非常关键，因此如果技术上不过关，技术人才缺乏，分散风险的基金缺乏，企业很可能失败，将不得不返回到原产业。

第二阶段：新产业功能开始显现阶段。这一阶段新产业的产品能够给人们带来一定的使用价值，有一些喜欢新奇产品的购买者开始购买使用，但产品技术有很多缺陷，使用的环境条件要求很苛刻，企业只能根据其可用技术生产有限用途的产品和高成本地为产品培育使用条件，因此企业已开始为新产品设立批量生产线，但产品的市场却很狭窄，主要针对特定人群，生产线占企业产值比重也很小，盈利能力很低，企业主要业务还是在旧产业上。但这种小规模的生产线一方面已让企业在新产业市场有了自己的身影，使自己与原产业内的其他企业有了突出的不同，从而为自己赢得了广告效应和在新产业的领先地位。另一方面让企业体会到了新产业的产品目前状态下在各个环节的生产成本和收益情况，产品的困难和关键缺陷在哪里，相应的发展方向和技术困难在哪里，以及企业在新产品继续发展上应具备的条件是什么。

这一阶段对企业从事产业转型能否成功的关键是产品在技术上不能获得突破，从而企业低盈利的生产线保持很长时间，占用企业资金，也占用企业大量高层次资源，甚至会拖垮企业在新产业上的发展，不得不返回依靠经营原产业维持企业运行和弥补大量的成本耗费。

第三阶段：企业新产业产品技术完成和市场扩展阶段。这一阶段企业在新产品技术上有了关键突破，产品的使用条件变得相对简易，产品已可在经济中发挥重要功能，于是产品购买者从特定人群延伸到普通购买者，市场规模的扩大使企业开始大批量生产新产品，并把旧产业的资源慢慢转向新产业，但随着旧产业的企业很多已开始向新产业转移，旧产业的竞争开始减弱，使企业在旧产业经营不那么艰难，所以对于那些完全不同产业的产业转型来说，企业往往还会保留一部分旧产业经营内容，通过新旧产业的互补优化自己的经营收益和风险；对于那些在原产基础上升级实现转型的产业来说，企业通常不再保留旧产业的经营内容。建立在新产品大规模市场基础上的产品上下游对接产业开始形成，产品好的市场经营模式开始形成，企业会在原经营渠道的基础上或以开辟新市场的途径建立自己的上下游经营市场链。在这个过程中新产业经营利润率会相对较高，因此企业之间的扩张竞争会很激烈。

这一阶段的企业在转型方向上已明确，对企业转型效果起决定作用的：一是企业的新产品市场开拓能力和是否有优越的经营模式；二是企业之间在新产品市场上的竞争，因为很多新跟进企业相对成本较低，会对先进入企业构成有效威胁。这会使一些企业在转型中竞争实力不断增强，另一些企业竞争实力得不到增强。

第四阶段：企业新产业经营走向成熟阶段。这一阶段企业在新产品上不仅技术成熟了、经营模式成熟了，而且还会参与产业集聚的形成、产业地区竞争力的形成，并建立市场中企业之间有利的竞争格局。同时，企业在新产品扩展应用开发上积极投入资源，做大做强新产业在经济中的重要地位。新产业已在技术、人才、资本、环境、制度、文化等各方面与整个经济融为一体，风险几乎消失。企业将原产业已完全淘汰。但这时各种新产业产品的类似产品、模仿产品和改善产品不断出现，对参与转型企业构成产品、成本上强大的竞争压力。

在这一阶段，决定企业自身转型效果的因素是企业在市场中的经营渗透所形成的市场势力包括对资源的掌控力，对客户的吸引力，在产品改进和服务上的能力等，如果这些方面做得不好，企业转型后的经营效益与原产业相比好不了多少。这里把企业经营内容上的转变过程归纳为下表3-1。

表 3 – 1　　　　　　　　　企业经营内容转型升级的阶段特征

	阶段特征	决定转型的关键因素	企业转型情况	主要激励机制
第一阶段	开始新产业研发	技术、人才、风险偏好、风险承受能力	新产业产品只是研发试产、依靠旧产业	风险激励
第二阶段	不成熟新产业投产	关键技术突破、资金实力	新产业小规模生产、主要依靠旧产业	风险激励
第三阶段	新产业技术成熟、扩展	市场开拓能力、成本竞争能力	新产业生产扩张、旧产业缩减	边际激励
第四阶段	新产业成熟、高级化	企业的市场势力、产品的完善性、成本竞争能力	依靠新产业、淘汰旧产业	边际激励

第二节　企业参与产业转型的行为模型

在企业经营内容转型的各阶段中，对一个新产业能否形成、企业经营内容上是否最终转向新产业等方面真正起临界作用的是第二阶段和第三阶段。如果在第二阶段，企业在新产业的关键技术上能获得突破，从而新产品能完全符合经济运行的需要，新产品的使用条件也被简易化，那么新产品自然会在经济中被广泛购买和应用，新产业也自然会成长起来。在第三阶段，建立在新产业技术完成的基础上，如果企业能组织好产业的上、下游资源，并探索出适合新产业成长的经营模式，将新产业的运营环境培育起来，那么企业转向新产业后就可实现正常经营和盈利，企业向新产业的转型也就算成功了。所以，这两个阶段是衡量企业在向新产业转型升级上发展程度的关键阶段。我们在下面的分析中，也以这两个阶段的进展为主，分析企业的行为选择与企业向新产业转型升级的进展之间的对应关系和决定因素。如果伴随着新产业的发展，企业在新产业的单位产品生产成本降低幅度设为 x_i，那么，我们就以 x_i 代表企业在新产业上的转型升级进展程度。这种表示方法的合理性在于：首先，如果在这两个阶段中，企业在新产业上的技术获得了突破，那么企业生产符合经济需要的新产品的技术障碍就没有了，生产中的技术成本从此就大大降低了，即 x_i 就降低了；其次，新产业的产品市场如果拓展开来，企业可适当规模化生产经营，市场中的规模经济也将使企业单位产品的经营成本降低，即 x_i 就降低了；再次，企业探索出了适合新产业的经营模式，也会使企业在追求既定目标过程中，经营成本实现最小化，相应地将降低新产品单位产品的成本付出，即 x_i 就降低了；另外，企业如果在新产业运营中的上、下游产业环境培育起来了，也将让新产业运行中不确定性下降，企业在新产业中经营的摩擦成本、合约成本都将下降，从而新产业单位产品的平均成本付出就下降，即 x_i 就降低了。

在第二阶段和第三阶段，每家处在旧产业上的企业尽管都希望成功实现产业转型或升级，以获得更高的盈利，但对于尝试产业转型升级的那些企业来说，不会不计成本地把资源在这两个阶段全部投向新产业的技术研发、市场开拓、产业环境培育上，它们需要权衡其投入成本和可能获得的预期收益，尤其还要受这种成本付出的边际递增条件的约束。因此，即使企业进行大量投入，新产业的技术问题一定能解决，新产业也一定能被培育起来，但如果获得这样的成果所需付出的成本过高，超出企业的合意承受能力，企业也不会只追求实现产业的彻底转型升级，更可能的选择是只在一定程度上参与新产业的转型升级而已。如果是这样，新产业可能就总是处在长期的探索过程中，或者新产业的产品实用价值可能就处在长期的低效使用阶段。

下面我们通过模型来分析企业参与产业转型升级的行为及其决定因素，借鉴 d'Aspremont 和 Jacquemin 的技术创新模型展开。这一借鉴的合理性在于，企业无论在新产业产品关键技术突破上还是新产业市场开拓、产业环境培育上，都与技术创新行为有很多相似的地方。重要的三个相似点有：一是开始的关键技术突破和新市场开拓、培育期，投入高、风险高、收益低。二是外部性强，新产品技术一旦有新的进展并面市，别的企业就可直接通过购买产品或者从市场上获取信息获得或研究出其中的技术知识，并为别的企业在新产业产品创新上免费提供极大的帮助。新产业的市场一旦开拓出来、新产品的企业经营模式一旦探索出来，别的企业马上可方便地利用并在此基础上进一步发展，而不用为此支付前期成本。三是人们会在既有的新产业成就基础上进行改进型的创新，反过来对原创新者形成有效竞争和威胁。不过，我们这里对模型进行改造以适用于产业转型问题的研究，关键的改造有两个方面：一是将模型中的一个产业改为两个产业，一个是原产业，或称为旧产业，另一个是所要转型升级的新产业；二是引入产业之间的相互影响关系，即在企业拥有的资源有限的情况下，企业把资源投入到新产业会导致其对原产业的资源投入减少，从而企业在原产业上的收入和利润会减少。

一　模型设计

当某一风险偏好型企业在向新产业转型升级时，处于第一阶段和第二阶段的过程中，企业要时时做出资源投入方面的决策，即企业把自身拥有的既定资源中的多少投入到新产业上，尤其在新产业的研发、经营模式和经营环境开拓上，多少资源继续投入到旧产业的经营上。选择的决定因素就是新、旧产业之间预期投资收益的对比。

对新产业，企业在新产业上投入的资源越多，在新产业上取得技术突破、市场开拓成功的可能性会越高，但这种技术研发、市场开拓上的资源投入也遵循着投资成本边际递增规律，因为随着技术攻关的进行和市场开拓的扩展，越到关键技术，越难突破，市场内容越广，开拓也越难。另外，对新产业进行投入的单位资本收益是很不确定的，尤其在开始的研发和开拓阶段，由于新产业本身和环境都是空白的，所以这一阶段的研发、开拓过程风险越来越高，当然相对应的风险收益也是越来越高。因此，在我们的模型中，新产业的投资收益是变化的，尤其随着新产业的技术突破和市场开拓成功是递增的，投资成本是边际递增的。

对于企业所处的旧产业，产业的产品技术、行业经营模式、产业经营环境都已完全成熟，行业经营信息和诀窍等都已是所有经营者都知道的公开知识，所以任何新的资本如果想进入旧产业经营，都能获得与旧产业中的其他企业一样的经营收益。再加上新产业还没出现时，很多资本都处在旧产业，竞争激烈，产业平均盈利能力很低，而且任何好一点的盈利出现，大量资本就会无技术障碍地去竞争，结果，旧产业中单位资本的收益率很低，市场结构、盈利能力基本保持不变。因此，在我们的模型中，旧产业的投资收益设定为不变的，但投资成本是边际递增的。

由于旧产业的投资收益是不变的，新、旧产业之间的单位资本收益的对比就主要取决于新产业的发展状况和相应的收益变动情况，企业在新、旧产业之间的资源转移也就关键看企业在新产业上的技术研发、市场开拓和培育情况的变动。

（一）模型中假设条件的说明

假设现在旧产业中出现两个风险偏好型企业开始试探着从事产业转型升级，分别称为企业 i 和 j，并且假设 i 和 j 在向新产业转型升级过程中是寡头竞争关系。设为寡头竞争模式而不是完全竞争模式或别的模式的合理性在于：在一个产业转型初期，能从事新产业转型的冒险企业数一般较少，而且他们在新产业上的投资活动都包含着各自试探性创新内容，从而彼此之间也是有一定行为差异性的，所以其市场特点更接近寡头市场。尽管企业在向新产业转型升级的开始阶段，通常都是收益很少甚至是亏损的，但当转型升级成功后收益是比较高的，因此我们认为风险偏好型企业在从事新产业探索时，总是根据其长期预期收益来决策。我们在下面说到企业在新产业上的收益时，也都指的是企业在每一阶段的预期收益。另外，根据新、旧产业对比上存在的不同特点，我们还进一步作如下假设：

（1）企业 i 和 j 各自在旧产业上的利润总量都设为 π_0，如果企业 i 在旧产业上投入的资本减少，其在旧产业上的利润总量与资本等比例的减少，以反映旧产业盈利能力已基本不变和市场经营模式已不再有改进可能的特点。

（2）企业 i 和 j 在新产业的产品市场上面对的需求函数设为 $p = a - bQ$，其中 $Q = q_i + q_j$，a、b 为常数，a，$b > 0$，$Q \leqslant a/b$。

（3）企业 i 和 j 在向新产业转型升级中的资本投入包括两方面：一是在新产业的研发、开拓上的资本投入；二是在新产业的产品生产上的资本投入。其中，在转型升级的初始阶段，企业在新产业的研发、开拓上的投入相当关键，正是这方面的投入让新产业慢慢发展培育起来，而且这部分投入在两方面资本投入中占的比例也较大。我们用新产业的产品生产成本降低的程度作为这部分投入促进新产业发展程度的反映指标。这种反映指标的设定关系为：企业 i 在新产业开始时的单位产品生产成本为 C（且 $C < a$），随着企业在新产业上的研发、开拓上的投入增加，其新产品单位生产成本会降低 x_i，为实现 x_i 所付出的研发、开拓成本为 $\gamma(x_i^2/2)$，即这种成本是边际递增的。

（4）企业 i 在新产业上的投入导致其在旧产业上的资本投入减少量为 $\gamma(x_i^2/2) + Cq_i$。其中，Cq_i 部分被用于新产业的产品生产投入上，$\gamma(x_i^2/2)$ 部分被用于新产业的研发、开拓投入上。由于企业 i 在旧产业上的资本投入减少 $\gamma(x_i^2/2) + Cq_i$，其在旧产业上的利润也就相应减少，减少量设定

为 $\gamma(x_i^2/2)\theta\pi_0$。之所以这么设定，是因为尽管企业从旧产业转移到新产业的资本量为 $\gamma(x_i^2/2) + Cq_i$，但 $\gamma(x_i^2/2)$ 才真正反映了企业在新产业研发、开拓上的进展程度和成本边际递增的特点，所以这里把两项资本转移对旧产业上利润的影响用一个近似处理系数 θ 合并处理，并表示为 $\gamma(x_i^2/2)\theta\pi_0$。这里的 θ 一方面是对企业投入到新产业的成本的合并处理系数，其实另一方面又可代表企业在新产业上的单位资本投入所放弃的旧产业上的单位资本利润，即 θ 也就是企业 i 在旧产业上的单位资本利润率；另外，在新产业的预期收益一定的情况下，θ 的大小还能代表企业 i 在新、旧产业之间的收益对比关系。

（5）为技术处理上方便，假设企业 i 和 j 是对称的，即所有的行为统计特征上都是一样的。

（二）模型的结构与求解

在上面的假设条件下，企业 i 和 j 的利润函数 π_i 和 π_j 可分别表示为：

$$\pi_i = \pi_0 + (a - bQ)q_i - (C - x_i - \beta x_j)q_i - \gamma(x_i^2/2) - \gamma(x_i^2/2)\theta\pi_0 \quad (3.1)$$

$$\pi_j = \pi_0 + (a - bQ)q_j - (C - x_j - \beta x_i)q_j - \gamma(x_j^2/2) - \gamma(x_j^2/2)\theta\pi_0 \quad (3.2)$$

式（3.1）和式（3.2）中，β 为常数，代表企业之间在新产业研发和开拓上的外部性程度，且 $0 \leq \beta < 1$，表示企业行为之间的外部性是有限的，每家企业的研究成果不可能都让别的企业获得。并假设 $C \geq x_i + \beta x_j$，表示企业在新产业上研发和开拓投入不可能让新产业的产品生产成本为负数。并且 $\gamma(x_i^2/2)\theta \leq 1$、$\gamma(x_j^2/2)\theta \leq 1$，表示企业在新产业上的资本投入不可能导致企业在旧产业上的利润为负数，即不可能导致 $\pi_0 - \gamma(x_i^2/2)\theta\pi_0 < 0$。

式（3.1）中的前半部分 $[\pi_0 + (a - bQ)q_i]$ 代表企业 i 的收益，该收益中的价格水平受企业市场总产量 Q 影响，Q 越大，价格越低，或者说企业之间在产品市场上的竞争越激烈；后半部分 $[-(C - x_i - \beta x_j)q_i - \gamma(x_i^2/2) - \gamma(x_i^2/2)\theta\pi_0]$ 代表企业 i 的成本，该成本受到企业之间外部性帮助 β 的影响，β 越大，成本付出越低，也受企业数量影响，企业数量越多，成本付出也越低。式（3.2）也有类似的对称解释。

当企业 i 追求自身利润最大化时，他会根据式（3.1）决定自己在新产业上研发、开拓的最优投入 x_i 和最优产量 q_i，当然，随着新产业的不断发展，在每一阶段开始时，新产业上的产品生产成本 C 会不断降低，所以企业之间决定自身最优投入 x_i 和最优产量 q_i 时，会随着时间的推移，在每一阶段不断地调整。

按企业的行为过程，企业 i 应该是先选择投资 x_i，然后这种投资决定了产量 q_i。不过，我们在该模型的求解过程中采取与企业实际行为不一致的逆向求解，即先求解企业 i 在新产业上的最优产出 q_i^*，再求解企业 i 的最优投资 x_i^*。

首先，对式（3.1）求一阶条件 $\partial \pi_i / \partial q_i = 0$ 得

$$2bq_i = a - bq_j - (C - x_i - \beta x_j) \tag{3.3}$$

对式（3.2）求一阶条件 $\partial \pi_j / \partial q_j = 0$ 得

$$2bq_j = a - bq_i - (C - x_j - \beta x_i) \tag{3.4}$$

将式（3.4）代入式（3.3）得企业 i 的最优产量为

$$q_i^* = \frac{1}{3b}\left[a - C + (2 - \beta)x_i + (2\beta - 1)x_j\right] \tag{3.5}$$

将式（3.3）代入式（3.4）得企业 j 的最优产量为

$$q_j^* = \frac{1}{3b}\left[a - C + (2 - \beta)x_j + (2\beta - 1)x_i\right] \tag{3.6}$$

由式（3.5）、式（3.6）得 Q^* 为

$$Q^* = q_i^* + q_j^* = \frac{1}{3b}\left[2a - 2C + (1 + \beta)x_i + (1 + \beta)x_j\right] \tag{3.7}$$

将式（3.7）代入式（3.1）得企业 i 的利润为

$$\pi_i = \pi_0 + bq_i^2 - \gamma(x_i^2/2) - \gamma(x_i^2/2)\theta\pi_0 \tag{3.8}$$

对式（3.8）求一阶条件 $\partial \pi_i / \partial x_i = 0$ 得企业 i 的最优投资水平 x_i 为

$$x_i = \frac{2(2-\beta)(2\beta-1)}{9b\gamma(1+\theta\pi_0)-2(2-\beta)^2}x_j + \frac{2(2-\beta)(a-C)}{9br(1+\theta\pi_0)-2(2-\beta)^2} \tag{3.9}$$

根据 i、j 的对称性求解企业 j 的最优投资水平 x_j 为

$$x_j = \frac{2(2-\beta)(2\beta-1)}{9b\gamma(1+\theta\pi_0)-2(2-\beta)^2}x_i + \frac{2(2-\beta)(a-C)}{9br(1+\theta\pi_0)-2(2-\beta)^2} \tag{3.10}$$

将式（3.10）代入式（3.9）得企业 i 的最优投资水平 x_i^* 为

$$x_i^* = \frac{2(2-\beta)(a-C)}{9b\gamma(1+\theta\pi_0)-2(2-\beta)(1+\beta)} \tag{3.11}$$

将式（3.9）代入式（3.10）得企业 j 的最优投资水平 x_j^* 为

$$x_j^* = x_i^* \tag{3.12}$$

将式（3.11）、式（3.12）代入式（3.5）得企业 i 的最优产出

$$q_i^* = \frac{3\gamma(1+\theta\pi_0)(a-C)}{9b\gamma(1+\theta\pi_0)-2(2-\beta)(1+\beta)} \tag{3.13}$$

式（3.11）、式（3.13）代表在完全市场机制作用下，一家典型企业在新产业发展上的投资规模和产出规模，所以可以用这两个数值来反映企业参与产业转型的程度，也表示企业向新产业转型升级中的行为选择。在这两个表达式中，都包含 b、β 和 θ，其中，b 代表新产业的产品市场上价格对产出的敏感性，β 反映企业之间在新产业发展上外部性的相互影响，θ 反映旧产业与新产业之间的投资收益对比。这说明在市场机制下，企业参与产业转型升级的程度（包括参与研发的程度和投产的程度）受新、旧产业之间投资收益对比的影响的同时，也受新产业研发、开拓过程中企业之间的外部性和市场竞争状况的影响。

二 对企业参与产业转型升级行为的分析

这里根据上面的模型结论来分析企业参与产业转型升级的行为特点和相关决定因素。

（一）新、旧产业之间的收益对比与企业在投入、产出上的行为选择

x_i 代表企业在新产业上的研发投入是新产业成本的减少程度，x_i 越大，新产业越成熟。由于 x_i 的大小与企业 i 在新产业研发、开拓上的投资大小 $\gamma\ (x_i^2/2)$ 成正比，所以 x_i 越大，也代表企业 i 在新产业研发、开拓上的投资付出越大，还代表企业 i 参与向新产业转型升级积极性越大。

在 $\gamma(x_i^2/2)\theta\pi_0$ 中，θ 越大，表示旧产业的资本收益率比较高，那么企业投向新产业的单位资本机会成本就越大，总机会成本 $\gamma(x_i^2/2)\theta\pi_0$ 也越大。企业在把资本从旧产业转而投向新产业时，其积极性就会下降。

由式（3.11）、式（3.13）得

$$\frac{\partial x_i^*}{\partial \theta} = -\frac{18b\gamma\pi_0(2-\beta)(a-C)}{[9b\gamma(1+\theta\pi_0)-2(2-\beta)(1+\beta)]^2} < 0 \qquad (3.14)$$

$$\frac{\partial q_i^*}{\partial \theta} = -\frac{6\gamma\pi_0(2-\beta)(a-C)(1+\beta)}{[9b\gamma(1+\theta\pi_0)-2(2-\beta)(1+\beta)]^2} < 0 \qquad (3.15)$$

在式（3.14）、式（3.15）中：其一，两式的符号都是负的，表示在完全市场机制作用下，当企业旧产业利润率较高时，企业参与向新产业转型升级的积极性确实就越低，包括对新产业的研发、开拓上的积极性越低，在新产业投产上的积极性也越低；反之就越高。其二，其中的 $|\partial x_i^*/\partial\theta|$ 的大小还表示企业资本在新、旧产业之间流动速度的快慢，即伴随着单位 θ 的变化，资本在新、旧产业之间流动的规模。从上面的表达式可看出，在其他条件不变下，$|\partial x_i^*/\partial\theta|$ 的大小受 C 的影响，即 C 的大

小影响着这种流动速度的快慢，C 越大，$|\partial x_i^* / \partial \theta|$ 越小，资本流动速度越慢；反之，C 越小，资本流动速度越快。这表明，如果在新产业发展的不同阶段，新产业产品生产的单位成本 C 不一样，那么随着新产业的资本收益率变化，企业资本从旧产业向新产业的转移速度就会不一样。

一般来说，在新产业发展的早期，由于新产业运行的各种条件都不完善，新产业生产中的 C 都较大，随着新产业的不断培育和发展，新产业的单位产品生产成本 C 不断减小，因此上述分析结论可以解释，在企业向新产业转型升级的早期，其资本在新、旧产业之间的转移速度较慢，或者转移规模较小，随着新产业研发、开拓上不断取得进展，企业在新、旧产业之间的这种资本转移速度会越来越快。体现在整个行业上，也会出现新产业发展的早期，资本在新、旧产业之间的转移速度较慢，在新产业快培育成熟时，资本在新旧产业之间转移速度加快，或转移规模扩大。每家企业在新产业的产出规模变化速度上也有同样的特征出现，其分析过程与企业在新产业投入规模的分析原理一样，在此不再重复。

（二）企业之间的外部性"β"与企业的投资行为选择

在新产业的发展过程中，每家企业在新产业的研发、开拓上所取得的进展都会通过其生产、交易、人际交流等过程展现出来和传递给别的企业，别的企业会对其进行分析研究，从中吸取有益的成果，从而每家企业的行为对同一经济环境中别的企业就具有正外部性。其实，即使一家企业在新产业研发、开拓上产生失败，也会被别的企业研究分析，并给别的企业以有益的启示，所以也带来行为的外部性。在产业转型升级过程中，当企业行为之间存在正的外部性时，企业之间就会产生"搭便车"倾向，即处在同一个经济环境中的每家企业总希望等别的企业在产业转型升级上产生进展后，自己及时方便地模仿和无偿享用其带来的好处，以节省自己在新产业研发、开拓上的成本付出，当每家企业都有这样的想法和行为倾向时，这种外部性的存在就阻碍每家企业在新产业上的研发、开拓投入速度。这种情况我们称为外部性带来的阻碍效应。另外，外部性又会激励每家企业积极利用别的企业已取得的有利条件来促进自己在新产业研发、开拓上取得更大进展，以让自己在新产业上取得领先地位。这样一来，企业又会有增加对新产业研发、开拓上投入速度的倾向，这种倾向我们称为外部性产生的激励效应。在产业转型升级过程中，企业究竟采取什么样的行为，当然取决于阻碍效应和激励效应的对比。

由式（3.11）得

$$\frac{\partial x_i^*}{\partial \beta} = -\frac{2(a-C)[9b\gamma(1+\theta\pi_0)-2(2-\beta)^2]}{[9b\gamma(1+\theta\pi_0)-2(2-\beta)(1+\beta)]^2} \qquad (3.16)$$

该式表示企业之间的外部性大小对企业在新产业研发、开拓上的影响。从该表达式可看出，由于分母是大于零的，所以只要该式分子中的 $[9b\gamma(1+\theta\pi_0)-2(2-\beta)^2]>0$，就有 $\partial x_i^*/\partial\beta<0$，即外部性的增加导致企业在新产业上的投入减少；反之，如果该式分子中的 $[9b\gamma(1+\theta\pi_0)-2(2-\beta)^2]<0$，就有 $\partial x_i^*/\partial\beta>0$，则外部性的增加导致企业在新产业上的投入增加。分子中的 $[9b\gamma(1+\theta\pi_0)-2(2-\beta)^2]$ 的值是正还是负是不确定的。从 $[9b\gamma(1+\theta\pi_0)-2(2-\beta)^2]$ 的特征看，由于 $\beta\in[0,1]$，那么在 $[0,1]$ 范围内的 β 越大，$[9b\gamma(1+\theta\pi_0)-2(2-\beta)^2]$ 的值为正的可能性越大，β 越小，$[9b\gamma(1+\theta\pi_0)-2(2-\beta)^2]$ 的值为负的可能性越大。所以我们的结论是：当 β 较大时，随着企业之间的外部性影响增加，企业之间在新产业发展上的投入会减少，外部性导致的"阻碍效应"将起主要作用；而当 β 较小时，随着企业之间的外部性影响增加，企业之间在新产业发展上的投入会增加，外部性导致的"激励效应"将起主要作用。由 $[9b\gamma(1+\theta\pi_0)-2(2-\beta)^2]=0$ 可推算出，β 产生这种作用差别的临界值为 $\beta=2-\sqrt{9b\gamma(1+\theta\pi_0)/2}$。

这种结果是有其现实经济中的合理性的，因为在企业之间的外部性影响较小时，企业在新产业发展上要取得进步得主要靠自身，这种情况下，一方面，企业之间外部性帮助较小；另一方面，新产业的发展主要靠每家企业自身，所以任何企业在新产业上的研发、开拓要取得突破都很艰难。而且企业之间外部性帮助很小，所以一旦某企业取得新产业上的进展，就会在新产业发展上有着领先优势，而且由于外部性较小，这种领先优势不易被别的企业模仿，所以能够较容易保持很长时间，从而能给领先优势的企业带来很高的预期收益，那么企业自然就更珍惜和利用外部性的帮助促进自身在新产业上的快速发展，所以呈现出企业之间外部性帮助增加时，每家企业会增加在新产业研发、开拓上的投资，以争取利用外部性帮助，促进自己获得领先优势。反之，外部性作用很大时，企业之间正外部性带来的好处对每个企业在新产业发展上的促进作用都较大，从而每家企业在新产业的研发、开拓上取得突破的艰难程度都会降低。一方面，外部性帮助较大，使得企业在新产业上的发展可能不再主要依靠自身，而是较多地借助于外部性帮助；另一方面，企业之间外部性较大使得企业在新产业发展上取得突破和领先地位时，很容易被别的企业模仿和竞争，领先优势给企业带来的预期收益较低。结果企业对企业之间的外部性帮助也非常珍惜，但更愿意节省自身投入成本，尽量多地利用外部性帮助来促进自己在新产业研发、开拓的进展，所以呈现出的关系是：伴随外部性的增加，企业越愿意节省自身投资。这种行为上的特征用通俗一点的话概括就是，企业所处环境越艰难，跨过艰难后的优势越大，企业越愿意依靠自身努力实现突破；企业所处环境越不艰难，跨过艰难后的优势越小，企业越愿意等待外部提供的有利条件。这似乎也表明了企业生存中的某些哲理。

值得注意的是，由 $\beta = 2 - \sqrt{9b\gamma(1+\theta\pi_0)/2}$ 可看出，β 对企业行为产生不同影响的临界值与 $\theta\pi_0$ 的大小有关。$\theta\pi_0$ 值越大，β 的临界值越低；反之越高。说明企业在旧产业上的资本收益率越高，企业越愿意在新产业发展上等待外部提供的有利机会来促进自己在新产业研发、开拓上的进展，而企业在旧产业上的资本收益率越低，越愿意在新产业上积极利用外部提供的帮助来促进自己在新产业上的进展。之所以企业会有这样的行为选择道理很简单：一是因为企业在旧产业上的资本收益率越高，意味着企业投在新产业上的资本机会成本越高，企业越吝惜自己资本向新产业的转移，所以会采用较消极一点的态度对自身在新产业上的努力，更多地等待外部性的促进作用；二是企业在旧产业上的生存压力还不够大，企业也不会急于开拓新产业。反之，企业的行为就会相反。当然，如果永远有 $\beta \neq 2 - \sqrt{9b\gamma(1+\theta\pi_0)/2}$，说明上述两种情况只能有一种情况出现。

由式（3.9）得

$$\frac{\partial x_i}{\partial x_j} = \frac{2(2-\beta)(2\beta-1)}{9b\gamma(1+\theta\pi_0) - 2(2-\beta)^2} \tag{3.17}$$

该式反映了 i、j 企业之间在新产业上的投资变动对对方的投资变动的影响，当然是在企业之间存在外部性 β 基础上的相互影响。首先，从该表达式可看出，$\partial x_i/\partial x_j$ 值的大小是不确定的，且与企业之间的外部性 β 大小有关。当该式的分子 $(2\beta-1)>0$，且分母 $[9b\gamma(1+\theta\pi_0)-2(2-\beta)^2]>0$ 时，有 $\partial x_i/\partial x_j>0$；当该式的分子 $(2\beta-1)<0$，且分母 $[9b\gamma(1+\theta\pi_0)-2(2-\beta)^2]<0$ 时，也有 $\partial x_i/\partial x_j>0$；而当该式的分子 $(2\beta-1)>0$，但分母 $[9b\gamma(1+\theta\pi_0)-2(2-\beta)^2]<0$ 时，或者该式的分子 $(2\beta-1)<0$，但分母

$[9b\gamma(1+\theta\pi_0)-2(2-\beta)^2]>0$ 时，则有 $\partial x_i/\partial x_j<0$。其次，如果该表达式的值 $\partial x_i/\partial x_j>0$，意味着在外部性 β 一定下，别的企业在新产业发展上增加投入时，i 企业也会增加自身在新产业上的投入，别的企业减少投入时，i 企业也减少投入，即企业之间对新产业的投资呈现"羊群效应"。如果该表达式的值 $\partial x_i/\partial x_j<0$，则意味着在外部性 β 一定下，别的企业在新产业发展上增加投入时，i 企业会减少自身对新产业的投入，别的企业减少投入时，i 企业会增加投入，不再与别的企业呈"羊群效应"，而是此消彼长效应。由于 $\beta>1/2$，且 $\beta>2-\sqrt{9b\gamma(1+\theta\pi_0)}/2$，或者 $\beta<1/2$，且 $\beta<2-\sqrt{9b\gamma(1+\theta\pi_0)}/2$ 时，有 $\partial x_i/\partial x_j>0$，所以 β 在该区间时，企业之间在新产业的投资上呈"羊群效应"；而当 $\beta>1/2$，但 $\beta<2-\sqrt{9b\gamma(1+\theta\pi_0)}/2$，或者 $\beta<1/2$，但 $\beta>2-\sqrt{9b\gamma(1+\theta\pi_0)}/2$ 时，有 $\partial x_i/\partial x_j<0$，那么 β 在该区间时，企业之间在新产业的投资上呈此消彼长效应。

从经济关系上看，企业之间在新产业投资上呈"羊群效应"的原因可能是企业 i 认为别的企业在新产业上投入的增加会给自己带来更大的外部性帮助，为了利用这种外部性帮助，i 企业自己也会增加在新产业上的投资，以取得在新产业研发、开拓上的快速进展，避免在竞争中落后于别的企业。而企业之间在新产业投资上呈此消彼长效应的原因可能是企业 i 认为别的企业在新产业上投入增加将来会给自己提供更多的外部性帮助，i 企业会减少自己在新产业上的研发、开拓投入，以节省资本，等别的企业提供的外部性来促进自己在新产业上的发展。

企业之所以在 β 较大或者 β 较小时，彼此之间在新产业投资上呈"羊群效应"，而在 β 处于中等数值时，彼此之间在新产业投资上呈此消彼长的关系，是因为 β 较大时，企业之间外部性使得企业之间在新产业发展上机会更容易一些，自己如果不利用外部性机会，别的企业就处于竞争优势地位的可能性很大，企业为了不在新产业发展上处于落后竞争地位，会积极跟随别的企业对新产业进行投入；在 β 较小时，企业之间在新产业发展上更多依靠自身，每个企业在新产业研发、开拓取得突破的机会相对较难一些，任何一家企业在新产业上取得进展和优势地位，别的企业也很难通过外部性跟上，所以每家企业都想取得这样的竞争优势，当别的企业投入增加时，自己也增加投入，来竞争这种优势地位。而在 β 处于中等数值时，任何一家企业在新产业上取得竞争优势地位，别的企业通过外部性帮助跟上的可能性增大，同时企业依靠自身取得新产业上的进展也比较难，所以企业会更愿意等别的企业增加投资给自己提供更多的外部性帮助，而且这种等待导致别的企业占领新产业竞争优势地位的可能性较小，这种节省自身投入成本的行为会更合算。可以用图 3－1 直观显示这种情况，图 3－1a 和图 3－1b 中阴影区域都是前一种情况，图 3－1c 和图 3－1d 中的阴影区域都属于后一种情况。

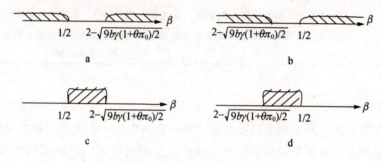

图 3－1　企业之间的投资相互关系

1. β 对企业投资行为的综合影响

临界点 $\beta = 2 - \sqrt{9b\gamma(1 + \theta\pi_0)/2}$ 和临界点 $\beta = 1/2$ 会是不一样的，前者涉及的是企业之间的外部性程度变化时，企业之间的投资变化情况，后者涉及的是企业之间外部性程度不变，但外部性的帮助因企业之间投资增加而总量增加时，每家企业的投资情况变化。因此，两个临界点不一样表明，企业在新产业上的投入跟随别的企业投入增加而增加时，随着企业之间外部性程度提高，企业之间在新产业上的资本投入速度可能增加得越来越快，也可能增加得越来越慢；企业在新产业上的投入跟随别的企业投入减少而减少时，随着企业之间外部性程度变化，企业之间在新产业上的投入减少得可能越来越快，也可能减少得越来越慢。当然，如果两个临界点 $\beta = 2 - \sqrt{9b\gamma(1 + \theta\pi_0)/2} = 1/2$，那么企业之间不管外部性多大，彼此在新产业上的投入总是呈"羊群效应"的，只不过 β 越大，"羊群效应"的速度越来越快；反之越来越慢而已。这里把企业在新产业上的投入随外部性的变化的可能情况概括为表 3－2，其中需要提醒的是 $\beta = 2 - \sqrt{9b\gamma(1 + \theta\pi_0)/2}$ 和 $\beta = 1/2$ 谁大谁小是不确定的，所以表中所示内容为在各种可能情况下的分析结论。

表 3 - 2 企业在新产业上的投资行为

	$\beta < 2 - \sqrt{9b\gamma\ (1 + \theta\pi_0)}\ /2$	$\beta > 2 - \sqrt{9b\gamma\ (1 + \theta\pi_0)}\ /2$
$\beta > 1/2$	$\partial x_i / \partial x_j < 0$, $\partial x_i^* / \partial \beta > 0$ 在新产业上,别的企业投资增加,i 的投资会减少,且随着 β 增加,投资减少得越来越快	$\partial x_i / \partial x_j > 0$, $\partial x_i^* / \partial \beta < 0$ 在新产业上,别的企业投资增加,i 的投资也增加,但随着 β 增加,投资增加得越来越慢
$\beta > 1/2$	$\partial x_i / \partial x_j > 0$, $\partial x_i^* / \partial \beta > 0$ 在新产业上,别的企业投资增加,i 的投资也增加,且随着 β 增加,投资增加得越来越快	$\partial x_i / \partial x_j < 0$, $\partial x_i^* / \partial \beta < 0$ 在新产业上,别的企业投资增加,i 的投资将减少,但随着 β 增加,投资减少得越来越慢

2. 决定 β 大小的因素

主要有两个方面因素决定企业之间的 β 大小:一个是新产业本身的特点,包括新产业本身的技术特点、新产业发展过程中的市场结构特性等。如果新产业本身的技术复杂程度低、技术成果破解容易、新产业研发和开拓过程中的市场自由竞争程度高、新产业所需的技术原材料容易获得,则某一企业在产业转型升级中的进展就容易被别的企业模仿和利用,企业之间的外部性帮助 β 就大;反之 β 就相对小。另一个决定 β 大小的因素是企业在新产业研发、开拓进展中所处的阶段。通常来说,企业在向一个新产业转型升级的最初阶段,每家企业对新产业或要升级的技术了解很少,企业之间对彼此在产业转型升级中所取得的进展利用能力差,破解技术的能力也差,这时企业行为之间的相互外部性就较小一些。随着各企业在向新产业转型升级上有所进展,各企业对新产业和技术升级都有了一些相关知识基础,对大家面临的共同难题和可能的突破途径都有共同知识,企业行为之间的外部性影响就会变得越来越大。正因如此,在不同的产业和产业转型升级的不同阶段,企业的行为总会有不同的变化,带来的产业转型升级速度也因不同的产业、转型升级的不同阶段有时很快,有时较慢。

(三) 企业之间的外部性 "β" 对企业产出的影响

由式 (3.13) 得

$$\frac{\partial q_i^*}{\partial \beta} = \frac{6\gamma(1 + \theta\pi_0)(a - C)(1 - 2\beta)}{[9b\gamma(1 + \theta\pi_0) - 2(2 - \beta)(1 + \beta)]^2} \tag{3.18}$$

从式（3.18）的表达式中可看出，只要 $\beta > 1/2$，就有 $\partial q_i^* / \partial \beta < 0$；只要 $\beta < 1/2$，就有 $\partial q_i^* / \partial \beta > 0$。说明 β 对企业产出的影响与 β 对企业产业转型升级的投入影响一样都不是线性的。而且二者的一致性还在于，当 $\beta > 1/2$ 时，随着 β 的增加，企业在新产业上的投入和产出都是减少的，当 $\beta < 1/2$ 时，随着 β 的增加，企业在新产业上的投入和产出都是增加的。也表明，在完全的市场机制下，伴随着 β 的变化，企业在向新产业转型升级上的投入将变化，而产出变化又总和投入变化保持一致。在新产业研发、开拓因投入的变化进展到什么程度，而相应的产出也进展到什么程度。

如前所述，β 的值与新产业本身的特点、新产业在研发和开拓进展中所处的阶段有关，所以企业在新产业上的产出增长速度会因不同的产业、新产业所处的发展阶段等因素而不同，整个新产业的增长速度也因此出现同样的增长速度差异。

第三节 模型的扩展

在这部分，继续分析完全市场机制下企业参与产业转型升级的行为特点，但把企业数量由两家代表性企业扩展到更多家企业的情况。现实经济中，从旧产业中转移出来并参与向新产业转型升级的企业数量通常在产业转型开始时就不只是两三家企业，而是由于旧产业生存压力的逼迫，可能会有一批风险偏好型的企业参与向新产业的探索。有的时候，新产业还没研发、开拓出来，还处在探索的开始阶段，但随着时间的推移或旧产业越来越难生存，在已有探索者的示范基础上，参与向新产业转型升级探索的企业数也会不断增多，从而使在新产业的开始阶段的企业数量都不只是两三家企业。那么，企业数量的增多是否会改变企业在新产业上的探索行为呢？我们有必要对模型做这方面的扩展分析。

一 模型设计

假设有 n 家企业，每家企业的自身情况和企业之间的相互关系与前面的模型假设条件保持一样，那么每家企业面对的新产业产品市场需求函数就仍是 $p = a - bQ$，但其中，$Q = \sum_{i=1}^{n} q_i$，每家企业的利润函数可表示为下面的方式组：

$$\pi_1 = \pi_0 + (a - bQ)q_1 - \left[C - (1 - \beta)x_1 - \beta\sum_{i=1}^{n} x_i \right]q_1 - \gamma(x_1^2/2) - \gamma(x_1^2/2)\theta\pi_0 \tag{3.19}$$

$$\pi_2 = \pi_0 + (a - bQ)q_2 - \left[C - (1 - \beta)x_2 - \beta\sum_{i=1}^{n} x_i \right]q_2 - \gamma(x_2^2/2) - \gamma(x_2^2/2)\theta\pi_0 \tag{3.20}$$

$$\cdots$$

$$\pi_n = \pi_0 + (a - bQ)q_n - \left[C - (1 - \beta)x_n - \beta\sum_{i=1}^{n} x_i \right]q_n - \gamma(x_n^2/2) - \gamma(x_n^2/2)\theta\pi_0 \tag{3.21}$$

我们同样还采用逆向求解的途径来求解这一方程组，即首先求解每家企业在新产业上的最优产出 q_i^*，再求解每家企业的最优投资 x_i^*。对上述式（3.19）到式（3.21）每个方程求一阶条件 $\partial\pi_i/\partial q_i = 0$ 得

$$bq_1 = a - b\sum_{i=1}^{n} q_i - \left[C - (1 - \beta)x_1 - \beta\sum_{i=1}^{n} x_i \right] \tag{3.22}$$

$$bq_2 = a - b\sum_{i=1}^{n} q_i - \left[C - (1 - \beta)x_2 - \beta\sum_{i=1}^{n} x_i \right] \tag{3.23}$$

$$\cdots$$

$$bq_n = a - b\sum_{i=1}^{n} q_i - \left[C - (1 - \beta)x_n - \beta\sum_{i=1}^{n} x_i \right] \tag{3.24}$$

将上述式（3.22）、…、式（3.24）联立求解可得每家企业的最优产出 q_i^* 为

$$q_1^* = \frac{1}{(n+1)b}\left[a - C + (n+1)(1 - \beta)x_1 + (2\beta - 1)\sum_{i=1}^{n} x_i \right] \tag{3.25}$$

$$q_2^* = \frac{1}{(n+1)b}\left[a - C + (n+1)(1 - \beta)x_2 + (2\beta - 1)\sum_{i=1}^{n} x_i \right] \tag{3.26}$$

$$\cdots$$

$$q_n^* = \frac{1}{(n+1)b}\left[a - C + (n+1)(1 - \beta)x_n + (2\beta - 1)\sum_{i=1}^{n} x_i \right] \tag{3.27}$$

由式（3.25）、…、式（3.27）相加得 Q^* 为

$$Q^* = \sum_{i=1}^{n} q_i^* = \frac{1}{(n+1)b}\left[na - nC + (1 - \beta + n\beta)\sum_{i=1}^{n} x_i \right] \tag{3.28}$$

将式（3.28）代入式（3.19）、…、式（3.21）得

$$\pi_i = \pi_0 + bq_i^2 - \gamma(x_i^2/2) - \gamma(x_i^2/2)\theta\pi_0 \quad i = 1, 2, \cdots, n \quad (3.29)$$

对式（3.29）求一阶条件 $\partial\pi_i/\partial x_i = 0$ 得企业 i 的最优投资水平 x_i 为

$$x_1 = A\sum_{i\neq 1} x_i + B \quad\quad\quad\quad (3.30)$$

$$x_2 = A\sum_{i\neq 2} x_i + B \quad\quad\quad\quad (3.31)$$

$$\cdots$$

$$x_n = A\sum_{i\neq n} x_i + B \quad\quad\quad\quad (3.32)$$

其中，$A = \dfrac{2(2\beta - 1)(n + \beta - n\beta)}{(n+1)^2 b\gamma(1 + \theta\pi_0) - 2(n - n\beta + \beta)^2}$，

$$B = \dfrac{2(a - C)(n + \beta - n\beta)}{(n+1)^2 b\gamma(1 + \theta\pi_0) - 2(n - n\beta + \beta)^2}$$

将方程（3.30）、…、方程（3.32）联立起来可求解出每家企业 i 的最优投资水平 x_i^* 为

$$x_i^* = \dfrac{2(a - C)(n + \beta - n\beta)}{(n+1)^2 b\gamma(1 + \theta\pi_0) - 2(n - n\beta + \beta)(1 + n\beta - \beta)}$$

$$i = 1, 2, \cdots, n \quad\quad\quad\quad (3.33)$$

将式（3.28）代入式（3.20）、…、式（3.22）可得每家企业的最优生产规模为：

$$q_i^* = \dfrac{(n+1)\gamma(1 + \theta\pi_0)(a - C)}{(n+1)^2 b\gamma(1 + \theta\pi_0) - 2(n - n\beta + \beta)(1 + n\beta - \beta)}$$

$$i = 1, 2, \cdots, n \quad\quad\quad\quad (3.34)$$

式（3.33）和式（3.34）是存在 n 家企业时，某一家典型的企业在产业转型升级过程中，对新产业研发、开拓上的最优资本投入量和最优生产规模。从这两个表达式可以看出，两式的值都与 n 有关，说明每家企业的资本投入量和生产规模都将受企业数量 n 的影响。

二　对企业参与产业转型升级行为的解释

首先，从一家典型企业的利润表达式（3.19）看，该式与 n 有关的部分有两处：$-\beta\sum_{i=1}^{n} x_i$ 和 $Q = \sum_{i=1}^{n} q_i$。其中，$-\beta\sum_{i=1}^{n} x_i$ 代表企业之间外部性帮助给企业在新产业产品生产成本带来的减少，即在 β 一定的情况下，n 越大，$\beta\sum_{i=1}^{n} x_i$ 的值越大，意味着企业从事产业转型的成功机会越大，或者

说企业在新产业发展上的进展越快，因此从这个角度看，参与新产业转型升级的企业数量越多，给每家企业带来的好处越多，从而每家企业都会增加在新产业转型升级上的投入和产出。而 $Q = \sum_{i=1}^{n} q_i$ 代表新产业的产品市场规模和竞争程度，在表达式 $Q = \sum_{i=1}^{n} q_i$ 中，n 的增加，有可能导致 $Q = \sum_{i=1}^{n} q_i$ 的增加，但至少还会导致企业之间在新产业产品市场上的竞争加强，对于一家典型的企业来说，这意味着其将来在新产业上的发展面临着更大的竞争和不利，从这个角度看，企业可能会减少对新产业的投入和产出，那么在两方面的共同作用下，企业究竟会怎样选择呢？

（一）n 对企业产业转型升级中的投入和产出的影响

1. n 对企业投入的影响

由式（3.33）可得：

$$\frac{\partial x_i^*}{\partial n} = \frac{2(a - C)}{[(n+1)^2 b\gamma(1 + \theta\pi_0) - 2(n - n\beta + \beta)(1 + n\beta - \beta)]^2}$$
$$[b\gamma(1 + \theta\pi_0)(1 + n^2\beta - n^2 - 2n\beta - 3\beta) + 2\beta(n - n\beta + \beta)^2] \qquad (3.35)$$

该表达式的值 $\partial x_i^* / \partial n$ 是正还是负是不确定的，不过从式（3.35）看，其前半部分 $2(a - C)/[(n+1)^2 b\gamma(1 + \theta\pi_0) - 2(n - n\beta + \beta)(1 + n\beta - \beta)]^2$ 是正数，所以其值是正还是负就取决于后半部分 $[b\gamma(1 + \theta\pi_0)(1 + n^2\beta - n^2 - 2n\beta - 3\beta) + 2\beta(n - n\beta + \beta)^2]$ 的值是正还是负，令 $y_1 = b\gamma(1 + \theta\pi_0)(1 + n^2\beta - n^2 - 2n\beta - 3\beta) + 2\beta(n - n\beta + \beta)^2$，则通过变形可得：

$$y_1 = -b\gamma(1 + \theta\pi_0)(n + 4\beta - 1) - (n - n\beta + \beta)z_1 \qquad (3.36)$$

其中，$z_1 = (n - 1)b\gamma(1 + \theta\pi_0) - 2\beta(n - n\beta + \beta)$

在 y_1 的表达式中，只要 $z_1 \geq 0$，就一定有 $y_1 < 0$，相应地就有 $\partial x_i^* / \partial n < 0$，这意味着随着 n 的增大，每家企业将减少在产业转型升级上的研发和开拓投入。反之，如果 $z_1 < 0$，不一定有 $y < 0$；或者说 y_1 的值是正还是负是不确定的。相应地，$\partial x_i^* / \partial n$ 的值是正还是负也是不确定的，这意味着，随着 n 的增大，每家企业在产业转型升级中是增加研发、开拓投入还是减少投入难以确定。

由 z_1 的表达式可看出，只要 n 满足下述式（3.37）的条件，就一定有 $z_1 \geq 0$。

$$n \geq \frac{b\gamma(1 + \theta\pi_0) + 2\beta^2}{b\gamma(1 + \theta\pi_0) + 2\beta^2 - 2\beta} \qquad (3.37)$$

那么，式（3.37）的条件是否满足，令

$$n_1^* = \frac{b\gamma(1 + \theta\pi_0) + 2\beta^2}{b\gamma(1 + \theta\pi_0) + 2\beta^2 - 2\beta} \tag{3.37'}$$

第一，在式（3.37'）中，一定是 $n_1^* \geq 1$，这意味着，并不必然有 $z_1 \geq 0$，只有当参与产业转型升级的数量 n 增加到一定程度后，即增加到 $n \geq n_1^*$ 后，才有 $z_1 \geq 0$。由于 $z_1 \geq 0$ 时，$\partial x_i^*/\partial n < 0$，即随着参与企业数量增加，企业之间的竞争增强，企业会减少产业转型升级过程中的研发、开拓投入，所以这一表达式的结论也意味着，只有参与新产业转型升级的企业数量 n 增加到一定程度，企业之间的竞争才会导致企业对新产业的投入积极性下降。而在参与的企业数量较少时，企业之间的竞争不一定导致企业之间对新产业的投入积极性下降，有可能对新产业的投入还是增加的。

第二，在式（3.37'）中，如果 $\beta = 0$，则有 $n_1^* = 1$ 和 $n \geq 1$ 以及 $\partial x_i^*/\partial n < 0$，说明当企业行为之间不存在外部性帮助时，伴随着参与新产业转型升级的企业数量增加，每家企业对新产业的研发、开拓积极性将一定下降，原因是参与产业转型升级的企业数量增加只会增加企业之间在该领域的竞争，使企业将来在新产业发展上的投资收益变得更不利。

2. n 对企业产出的影响

由式（3.34）得

$$\frac{\partial q_i^*}{\partial n} = \frac{\gamma(1 + \theta\pi_0)(a - C)[z_2 - (n+1)b\gamma(1 + \theta\pi_0)]}{[(n+1)^2 b\gamma(1 + \theta\pi_0) - 2(n - n\beta + \beta)(1 + n\beta - \beta)]^2} \tag{3.38}$$

其中，$z_2 = 2[1 + (1 - \beta)(n^2\beta + n\beta - 3\beta) - n\beta^2]$

式（3.38）的值是正还是负也是不确定的，取决于分子中 $z_2 - (n+1)b\gamma(1 + \theta\pi_0)$ 的值，令 $y_2 = z_2 - (n+1)b\gamma(1 + \theta\pi_0)$，当 $z_2 \leq 0$ 时，一定有 $y_2 < 0$ 和 $\partial q_i^*/\partial n < 0$，此时，随着参与的企业数量增多，每家企业会减少其向新产业转型升级上的产出。如果 $z_2 > 0$，则不一定有 $y_2 < 0$ 和 $\partial q_i^*/\partial n < 0$，此时，随着参与的企业数量增多，每家企业向新产业转型升级上的产出是增加还是减少是不确定的。

如果令 $z_2 = 0$ 时的 n 为 n_2^*，则从 z_2 的表达式可得出一定有 $n_2^* \neq n_1^*$，说明随着 n 的增加，企业在新产业上的投入与在新产业上的产出的变化存在不一致。即有可能企业不会促进新产业的研发、开拓上的进展，而增加不成熟的新产业产出的增加，也有可能企业增加在新产业研发、开拓的投入，促进新产业的发展，但不增加新产业的产出。

（二）n 对 θ 和 β 作用效果的影响

首先，由式（3.33）、式（3.34）可得

$$\frac{\partial x_i^*}{\partial \theta} = -\frac{2(a-C)(n+\beta-n\beta)(n+1)^2 b\gamma \pi_0}{[(n+1)^2 b\gamma(1+\theta\pi_0) - 2(n-n\beta+\beta)(1+n\beta-\beta)]^2} < 0$$

(3.39)

$$\frac{\partial q_i^*}{\partial \theta} = -\frac{2(a-C)(n+1)(n+\beta-n\beta)(1+n\beta-\beta)\gamma \pi_0}{[(n+1)^2 b\gamma(1+\theta\pi_0) - 2(n-n\beta+\beta)(1+n\beta-\beta)]^2} < 0$$

(3.40)

这两式说明 θ 对企业行为的影响与前面只有两家企业参与产业转型升级的模型分析结论一样，都呈负向关系，并不因 n 的变化而有所改变。

其次，由式（3.33）得

$$\frac{\partial x_i^*}{\partial \beta} = \frac{2(a-C)(n-1)[2(n+\beta-n\beta)^2 - (n+1)^2(1+\theta\pi_0)b\gamma]}{[(n+1)^2 b\gamma(1+\theta\pi_0) - 2(n-n\beta+\beta)(1+n\beta-\beta)]^2}$$ (3.41)

在表达式（3.41）中，如果 $\beta > \frac{1}{n-1}[n-(n+1)\sqrt{b\gamma(1+\theta\pi_0)/2}]$，就有 $\partial x_i^*/\partial\beta > 0$；反之，如果 $\beta < \frac{1}{n-1}[n-(n+1)\sqrt{b\gamma(1+\theta\pi_0)/2}]$，就有 $\partial x_i^*/\partial\beta < 0$，$\frac{1}{n-1}[n-(n+1)\sqrt{b\gamma(1+\theta\pi_0)/2}]$ 为临界值，其中，n 的大小影响该临界值高低。与前面仅分析两家公司的模型中的临界值 $\beta = 2 - \sqrt{9b\gamma(1+\theta\pi_0)/2}$ 相比，显然两临界值存在差异，说明 n 的增加改变了 β 的作用效果。尽管这一改变是不确定的，但至少能告诉我们，在企业行为之间存在外部性帮助下，参与向新产业的转型升级企业数量增加会增加企业之间的外部性帮助，但却并不一定增加企业之间对新产业投入的积极性。

第四节　本章小结

本章的分析揭示了没有政府产业政策干预下企业参与产业转型升级的一些行为特点。

首先，在完全的市场机制下，企业将根据自身利润最大化来决定自身参与产业转型升级的行为，从而新、旧产业之间的投资收益对比、企业在

向新产业转型升级过程中彼此行为之间存在的外部性帮助、企业之间在向新产业转型升级中的市场竞争状况以及新产业发展到什么程度或处于什么阶段等因素直接影响着每一家企业是否参与产业转型升级，在参与转型升级后，还影响着每家企业参与产业转型升级到什么程度。

其次，企业在向新产业转型升级上的投入包括两部分：对新产业研发、开拓上的投入和新产业生产上的投入，前一种投入是促进新产业发展和创新，从而有助于培育新产业，后一种投入是生产出新产业的产品。通常新产业培育得越成熟，其产品生产量相应地增加，是比较合理的。但在完全市场机制下，二者也会是不一致的，有可能企业把更多的投入用到新产业的培育和发展上，却较少生产出新产品，也有可能企业不积极发展培育新产业，而急于将更多的投入用到不很成熟的新产业的产品扩大生产上。这取决于 θ、β、n 等多种因素，也取决于新产业发展所处的阶段。根本的原因是由产品市场的竞争所决定的盈利情况和每一时期新产业研发、开拓的艰难程度的对比所导致的。

最后，在企业对产业转型升级的积极性上，本章的分析结论是：第一，企业在旧产业上的利润较好时，企业参与向新产业转型升级的积极性就低；反之就高。第二，企业行为之间存在的外部性帮助越大时，会助长企业之间在产业转型升级中研发、开拓上的"搭便车"行为，即每家企业有减少这方面投资的倾向；反之，会激励企业之间研发、开拓上的自力更生行为，即有增加每家企业这方面投资的倾向。第三，在新产业的研发、开拓阶段，如果参与产业转型升级的企业数量增加，将对每家企业的行为带来两方面的影响，一方面企业之间在新产业上的市场竞争会加剧，使得每家企业在新产业发展上的投资下降，也使企业增加产出的积极性下降。另一方面随着企业数量增加，企业之间在研发、开拓行为上的正外部性帮助也会增加，又有激发企业在培育新产业上的投资积极性和增加产出的积极性，最终的企业行为结果由这两种倾向共同决定。

第四章　地方政府产业政策干预下的产业转型分析

在上一章分析的基础上，本章加入地方政府产业政策对企业行为的干预因素，以分析地方产业政策干预下的产业转型升级效果。当然，地方政府利用什么样的产业政策干预企业行为和干预到什么程度都是有地方政府自身的干预目的和相应的价值判断标准的。有可能是为了形成地方的某些特色产业，也有可能是为了促进地方 GDP 的增长，还可能是为了建立地方政府的政绩。但不管地方政府的政策干预目的是什么，也不管其制定和执行产业政策的价值标准是什么，地方政府的政策干预总是要对企业的经营行为产生效果才表示干预发挥了实际作用。从这个逻辑上说，有了地方政府产业政策干预的企业行为就会偏离前面所分析的完全市场机制下的企业行为，进而产业转型升级的效果也会有差别。还会存在更详细的情况，即地方政府产业政策干预的方式、途径和干预的阶段不同，干预所导致的企业行为改变将不一样，产业转型升级的结果也会是不一样的。

第一节　地方政府产业政策干预企业行为的过程

一　地方政府产业政策干预企业行为的方式

在我国，自从国家实行中央政府与地方政府财政分权后，一方面，根据财权、事权对等原则的进一步后续改革，让地方政府对地方的财政、金融、各类地方自然资源及经济资源、地方政策法规的制定等方面拥有了相当大的控制权。当地方政府干预企业行为时，就可通过手中掌握的各种资源从不同的途径和以不同的方式来进行。另一方面，尽管我国建立市场经济后，从法律和制度要求上讲，不管什么性质的企业都拥有完全自主的市场行为和决策权，而且也必须按市场自主行为，但正是地方政府对地方各类资源和政策法规上的较强控制力，使得不管是中央企业还是地方企业，在参与产业转型升级过程中，通常都离不开地方政府给予的支持，甚至不得不看地方政府的脸色行事。当然，地方政府的干预行为也总是在制度法规的约束之下进行，然而我国社会转型的制度背景决定了这并不妨碍地方政府按自己的意愿对企业行为的强大干预能力，而且针对不同企业，在干预过程中还会依据具体环境、具体企业采取灵活的手段，这里简要介绍一下我国地方政府干预企业行为的方式。

（一）财政干预

首先，财政收入上，地方政府财政收入的主要来源是税收，包括地方税和中央与地方共享税。这些税收是按税种划分的，属于地方政府固定税收，收入部分包括城镇土地使用税、耕地占用税、土地增值税、房产税、车船税、契税、筵席税等；属于中央与地方政府共享税收，收入的包括增值税、营业税、城市维护建设税、企业所得税、个人所得税、资源税等。一般来说，这些划分是很少变化的，税率也是由中央政策统一规定，但税基就取决于地方的经济发展规模，而地方的经济发展规模又取决于地方的企业发展和经营规模。那么，第一，地方政府的税收利益决定了地方政府在干预企业行为时，一定会沿着扩大地方税基的方向进行，也就是与上面地方税和共享税相对应，尽量扩大有利于地方税基的那些产业的规模和相应企业的经营规模，以增加这些产业在经济中的比例和形成这类企业的市场影响力，这就决定了在企业是否参与产业转型升级以及参与什么样的产业转型升级上，地方政府的产业政策干预是差别对待的，不一定与上级政策要求高度一致。地方政府肯定会鼓励增加地方税或增加地方与中央共享税的那些产业转型升级，在地方税与地方与中央共享税之间，更鼓励偏向于地方税增加的那些产业转型升级。第二，中央也给地方政府一定的税收优惠政策，地方政府也会把这些税收优惠倾向于培育地方税税基的产业和转移给向这些产业转型的企业。当然，增加地方财政收入不是地方政府的唯一目的，形成地方政府和官员的政绩、增加地方官员的政治租金收入也是其目的，所以地方政府会有多种倾向性选择。尤其是中央政府对给予地方的税收优惠附带有产业范围要求时，如果这些要求范围不在有利于地方税的产业内，地方政府就会把这些优惠偏向于能显著形成自身政绩的产业和企业，而不一定是从地方经济长远发展来看需转型的产业和企业。第三，不同企业的纳税内容不同，有些企业主要向中央纳税，有些主要向地方纳税，比如央企和企业的总公司大多向中央纳税，地方企业和央企的地方分公司多是向地方政府纳税，那么地方政府在干预企业参与产业转型的行为时，就会通过某种途径，让一些企业更多地承担产业转型的成本享受较少的产业转型收益，而让另一些企业承担较少的产业转型成本享受更多的产业转型收益。比如，有些地方政府把央企中的那些环境破坏严重的企业吸引进来，一方面利用这些项目建立与地方经济的联系，拉动地方经济，另一方面，通过这个平台，从中央获取环境治理的资金来治理地方环境，而通过这种途径治理后的环境，地方企业参与共享。

其次，财政支出上，除了上级政府有严格指标要求的内容外，地方政府对企业的财政支出都会偏向于缴纳地方税的企业，或偏向于地方政府及其官员利益的企业。其方式包括：第一，给从事产业转型的企业以直接补贴，而且还会以对地方政府有利的方式制定补贴标准，可以以企业在新产业上的产出规模为标准，可以以企业在产业转型升级上的资本投入规模或雇佣人员数量的多少为标准，还可以以企业在新产业发展过程中的某些指标完成量的多少为标准。地方政府还会根据产业发展的不同阶段选取不同的指标作为依据，对不同纳税内容的企业也会采取有差别性的指标。第二，为从事产业转型的企业提供配套公共设施，尤其是那些企业不愿意提供的关键公共设施。第三，地方政府出钱购买新技术或组织研发出转型产业的关键技术和经营管理技术，然后无偿提供给参与转型的企业使用。第四，地方政府通过政府自身的采购行为购买自己所支持企业的产品，给予这些从事转型升级的企业帮助。当然，现在制度都要求政府采购必须是公开采购的方式，但政府总会和企业之间进行某种法规允许范围内的合谋，最终让政府所希望的采购得以实现。

（二）金融干预

尽管我国市场经济下，金融交易的主客体行为在制度上都已市场化，但地方政府对地方金融资源有相当强的影响力。尤其金融在现代经济中起中心作用的情况下，地方政府更重视对地方金融资源的控制。第一，银行是我国企业经营过程中的主要流动资金来源和固定资产投资的重要资金来源。但我国银行都是国有或地方政府所有，对于地方银行，当地地方政府以所有者的身份直接有极强的控制力。而对于国有银行，由于其在地方市场中经营份额都不小，必须和地方经济打交道，依靠地方经济生存，还要依靠地方资源经营，因此地方政府也对其有极强的影响力。有了对在本地区经营银行的控制力，地方政府就可通过银行的途径来左右企业的资金获取，从而对企业从事产业转型的行为产生影响力。比如，地方政府想让某一产业转型时，政府可让积极从事符合地方产业转型升级要求的企业能从银行更顺畅地获取资金，让不跟随地方产业转型政策的企业从银行获取经营资金变得艰难，这种行为不仅变相导致不同企业之间的经营成本差异，有时直接决定企业在急需资金时能否得到资金解决关键问题。所以，政府的这种影响力不是企业通过价格机制就可解决的，或者说不是企业付给银行更高利率就可解决的。这就迫使企业有时只能按地方政府的产业政策要求行事。第二，就企业非银行途径融资来说，企业不管是发行债券间接融资还是从资本市场进行直接融资都必须有相关的业绩支撑。一方面，企业确实可通过自身好的经营业绩到资本市场去获取间接和直接融资；但另一方面，当企业在间接或直接融资市场上面临竞争性局面时，地方政府可通过对一些企业给予某些方面的支持，让这些企业在竞争性融资中胜过别的企业。比如，企业在风险基金的获取上，在公司上市的申请上通常竞争都是相当激烈的，而政府的有些倾向性的帮助对这时的企业来说相当关键。

（三）各种地方资源控制干预

地方政府手中控制的资源很广，有地方政府拥有的企业、地方土地资源和其他自然资源、地方公共设施、地方政府的外交资源等，尽管地方政府在管理这些资源时都是合法合规的，但实际分配中仍是相当灵活的。其一，地方政府拥有的企业是地方政府手中掌握的直接干预别的企业经营的重要手段。除了央企，通常地方政府拥有的企业在地方经济中都是实力相对较强的企业，或者掌握着地方某些关键资源的企业，比如地方的金融、电力、能源、地方稀有资源等关键资源。因此，这些地方政府的企业和别的哪些企业交易，不和哪些企业交易，以及和别的企业建立怎样的交易关系，都将直接影响别的企业能否顺利经营和有怎样的经营前途。由于地方国有企业总是按照其所有者——地方政府的要求行为，所以地方政府有产业转型升级上的需要时，这些地方政府的企业就会贯彻地方产业转型政策的意愿，有差别性地与别的企业交往，进一步影响别的企业参与产业转型升级的行为。其二，地方政府拥有地方城镇土地资源和其他自然资源的使用审批权，而且对任何企业来说，这一资源只能从地方政府手中获取。尽管中央政府对地方政府管理的土地资源和其他自然资源有严格的法律规定，地方政府必须合法合规地利用这些资源，企业也有权按法规要求申请获得土地资源或其他自然资源的使用权，但一方面，地方政府总会结合地方实际对上级政策法规进行灵活调整和利用，以满足地方政府利益需要；另一方面，这些资源是有限的，地方政府还会采取先后顺序的策略，对跟随地方政府产业转型政策的企业优先保障，让另一些企业处于等待中。对企业来说，等待将意味着要失去资本盈利的好时机，最终可能会自动放弃对这些资源的要求。其三，企业有时会自建一些公共设施，但有些公共设施只能依靠政府提供。而地方政府不仅可以决定是否提供某些公共设施，还对公共设施的使用有控制权，包括收费标准、使用时间、使用先后顺序等方面都可以针对不同企业设置控制，从而当地方政府有产业转型升级的政策要求时，就会在新建公共设施以及在控制公共设施使用上的倾向性，影响着企业的经营行为，迫使一些企业跟随地方政府的产业政策。其四，地方政府在外交资源使用上也会有倾向。地方政府会和上级政府、其他地方政府之间在企业经营所需的一些投入资源、企业的生产技术、企业产品市场的开拓、政府对企业产品采购等领域会形成某些项目合作或建立交易平台，从而能给有些企业带来经营的好处和机会。当地方政府有选择性地进行这些交往时，一些企业可能从中获得好处，另一些企业得不到好处甚至处于不利地位。当这种选择性应用到地方政府对产业转型升级的要求时，就对企业这方面的经营行为产生差异性影响。

（四）地方政策法规的干预

在地方政策法规的制定上，地方政府能为其按自己的意愿干预企业行为赢得主动权。通常的做法是，在对企业经营行为干预之前，地方政府首先会把有关的制度法规调整好，并知会所有的企业，让企业调整其经营行为，根据企业调整的效果对地方制度法规再作调整，这样，地方政府通过一步一步地政策调整，总会按自己的意愿引导一些企业跟随政府的产业转型意愿来经营。比如，当政府想通过采购某企业产品来支持其发展时，先会制定出政府需要建立的某项项目政策，该项目需要的物品就由政府来采购，同时地方政府还制定出对采购产品的各种规格的要求细则，这些规则往往就根据其要采购的企业产品与别的企业产品的不同点来设计，或者提前知会企业把其产品在某些规格方面做的与别的企业有差别，这样在实施政府公开采购招标时，地方政府就可达到其支持某些企业的目的。

地方政府在产业政策上的法规制定其实分为执行上级政策的执行法规

制定和针对地方情况自己制定的法规，但地方政府都可做到政策法规的倾向性效果。其中，在执行上级政策法规时，总把有利的法规倾向于对自己有利的企业，而把不利的法规倾向于对自己不利的企业。比如，央企如果比地方企业规模大，经营渠道多，并且税收主要上缴给中央，则地方政府在执行上级产业政策时会对企业规模等方面提出要求，最终让央企先承担产业转型中的大量成本，让地方企业较少承担其中的成本。在制定地方产业政策时，也会根据企业不同实行差别对待。比如，在环保标准的要求上，通常这类标准是有一定要求范围的，那么地方政府会通过各种差别性制度，对符合自己产业转型要求的企业实行最低环保标准要求，对别的企业实行最高限度的环保标准要求。地方政府的政策形式也是多样化的，有经济激励性政策，有管制和限制性政策，还有指导性政策，这保证政府根据具体情况对政策灵活运用。最终，地方政府在制定和执行产业政策和其他有关政策时，总会有各种差别性的措施可利用，对不同的企业形成差别性的影响，服务于地方政府的需要。

当地方政府以上述途径干预企业行为时，通常总是将这些手段综合使用。比如，地方政府为了支持企业向某产业转型，可首先制定出差别性的制度规则，然后会利用政府采购、土地审批、财政支持等手段影响企业未来发展机会和业绩预期，那么，愿意跟随政府产业转型政策并受政府支持的企业与别的企业之间在经营内容和经营业绩上就会产生差别，当它们到金融市场去融资以及到别的市场上去竞争时，就会进一步产生竞争力上的差别，对仍不能在金融市场有差别竞争力的企业，政府还可通过手中掌握的地方金融资源和地方国有企业的经营行为直接给予支持，直到企业之间在市场中的市场势力对比发生变化，市场中经济的产业结构对比也发生变化。这样的综合干预使得地方政府在干预企业经营时，既让企业按市场规则办事，又引导一些企业按政府意愿经营，地方政府还能根据自身条件量力而行。

二　地方政府产业政策作用于企业行为的机制

地方政府不管通过哪些途径影响企业的行为，最终都会体现在企业经营成本或收益的改变上，然后通过企业在市场中的最优化行为，改变企业在不同产业之间的选择。与市场机制激励企业参与产业转型升级的作用机制相对应，地方政府的产业政策影响企业参与产业转型升级的机制也分为边际激励机制和风险激励机制，不过这种机制是建立在市场机制基础上的政府干预带来的。其中的边际激励是指在市场边际激励基础上，政府的产业政策改变了企业在市场经营中的边际成本或边际收益，进而改变企业的边际利润，然后企业根据利润最大化调整自己对旧产业的投入规模和对新产业的投入规模，导致新旧产业在整个经济结构中的比例发生变化的过程。风险激励则是指地方政府的产业政策本身具有不确定性，以及产业政策对市场所固有的不确定性会带来扰动，这都会使企业面临的经营风险发生改变，这种改变将进一步引起产业内企业根据风险偏好和风险承受能力调整其对原产业的生产投入规模和对新产业发展的投入规模，使新旧产业在整个经济结构演进过程中结构对比发生变化的过程，当然，经营风险改变引起不同企业行为的调整仍是通过风险收益对等原则和风险偏好筛选机制进行的。除了边际激励机制和风险激励机制外，为了鼓励企业在一些产业扩大规模，在另一些产业缩减规模，地方政府还会直接以规模激励的产业政策来改变企业的经营行为。所谓规模激励是指对企业的经营规模设置规模租金，通过规模租金对企业收益的影响，改变企业在原产业和新产业之间投入规模发生变化的过程。规模激励不同于边际激励，不是改变企业的边际变量，而是通过直接规定企业投入或产出达到多大规模后，企业将获得一定量的规模租金的一种激励机制。这种产业政策所提供的规模租金形式多样，或者是优先提供土地、自然资源，或者提供所需的公共设施或专门的公共服务，或者提供一定的研究资金和研究资源，或者将购买的先进科技成果免费提供给企业使用，等等。规模激励的作用过程可描述为：第一，地方政府通过产业政策设置规模租金。当然，地方政府在设置规模租金时，也会考虑租金的付出与企业在产业转型升级上的行为将来给地方政府带来的收益之间的对比。第二，企业为获得规模租金调整自己在新旧产业之间的投入规模，当然，每家企业会根据自身的具体情况决定是否进行调整或调整到什么程度，包括自身拥有的资本规模或筹集资本的能力、自身拥有的人力资本状况、自身在市场中的地位、自身在原产业上的经营状况等。第三，企业在获取规模租金后，将会根据调整后的经营环境，重新衡量自身经营的收益、成本和风险，并再次调整自身在新旧产业之间的投入规模，这时可看出企业的规模调整是只为了拿到政府提供的规模租金，还是真正向新的产业转型升级。这也表明，规模激励虽然能改变企业在产业转型升级上的行为，但其持续性是不稳定的，企业有可能是短期的规模改变，企业之后的重新调整可能让产业结构又返回原状。关键是规模激励后，能否在新的产业领域产生规模效益，让企业具备长期经营盈利的条件。也正因如此，往往政府的规模激励会附带一些其他条件，以避免产业结构返回到原状。比如，要求企业必须维持这种规模多长时间，将来必须开发多少数量的客户，必须形成什么样的经营团队，将来必须带来多少的产值等。

通常地方政府实施的每一项产业政策，都会有上述三个方面的激励机制存在，只不过对于不同的产业政策，上述三方面激励机制中，有些机制起着主要作用，有些机制起着次要作用而已。地方政府在实施产业政策时，也会根据这其中的差异，在产业发展的不同阶段选择不同的政策，以使产业政策的作用更加到位。一般来说，在企业经营内容转型的第一阶段，地方政府更倾向于运用风险激励强的产业政策，因为这时需要吸引风险偏好型的企业积极投入到新产业的创新活动中。在第二阶段，地方政府会偏向于运用风险激励强并附带规模激励的产业政策，因为这时的新产业已有了产业技术探索基础和方向，但正处于技术需要突破时期，不仅需要吸引风险偏好型企业的积极参与，还要加大企业对转型升级的投入，利用规模研究、探索所形成的外部性促进新产业在关键技术上的突破。在第三阶段，地方政府更倾向于规模激励和边际激励强的产业政策，因为一方面，这时新产业的新产品或者新技术已能在经济中发挥功能，需要开拓市场和扩大生产，以给地方经济带来规模经济利益；另一方面，产品的经营前景看好，但一些企业在投入规模上还存在试探观望的可能，需要政府促进企业加大在新产业上的投入。所以，这一阶段需要规模激励和边际激励强的产业政策来促进新产业的发展。在第四阶段，地方政府会偏向于边际激励强的产业政策，因为这时有些企业会因为旧产业的竞争不再那么激烈，或企业自身条件不具备，从而仍愿意滞留在旧产业，所以需要政府克服产业结构变动中存在的这些问题，帮助这些企业向新产业转型升级，淘汰旧产业。另外，这一阶段需要企业在新产业的产品和技术的扩展应用上积极探索，增强该产业在地方经济中的主导作用和地方经济的市场竞争力，而企业可能满足于现状，在这方面的积极性不够，也需要政府边际激励政策来引导企业走向新产品或新技术的扩展应用。

需要强调的是，尽管地方产业政策在影响企业行为上存在这些作用机制，并不能取代市场机制的作用，一方面，产业政策对企业行为的影响是通过市场机制进行的，只不过是改变一下企业按市场机制经营的收益、成本、风险而已，根本的还是以市场机制作用于企业，所以产业政策离不开市场机制；另一方面，在产业政策没涉及的方面，企业从事产业转型升级的行为则完全由市场的实际状况和市场机制所决定。所以，最终企业参与产业转型的行为和地方经济的产业转型升级效果总是由市场状况、市场机制和地方政府产业政策共同作用所复合决定的。我们通过一个实例来看看地方经济的市场状况、产业政策和市场机制如何共同决定企业参与产业转型升级的行为和地方经济产业转型升级的效果的。

案例分析　在我国新疆农场，种植棉花是其在全国有名的农业耕种模式，但那里气候干燥、气温较低，因此地膜耕种是必需的耕作技术，地膜可以保水、保墒，解决作物播种和生长初期的缺水、保温问题。我国政府部门规定地膜厚度的生产标准必须是 0.008 毫米 ±0.003 毫米，各地地膜生产企业可根据自身情况在允许的范围内浮动。由于气候环境条件的原因，新疆的棉花生产规模大、质量高、价格相对合理，所以是全国棉花市场的重要供给地。不过在新疆农场，耕地大多为平原，而且面积较大，平均每户承包耕地在 100 亩以上，采用机械化耕作，所以人均收入也相对较高，承包者也较多。当地有不少地膜生产企业，主要供给地方农户使用。每家农户从当地农资市场上购买地膜，由于较薄的地膜透光好、成本低，为农户们所喜爱，也就成为这里地膜生产厂家的主要产品，一般厂家的地膜是 0.008 毫米厚度。然而这样的地膜使用后不可能再从地块上整块揭起和回收，只能用钉耙从地块上回收地膜碎屑，由于耕地面积大，这个任务是由机械化完成的，这样一年年下来，残留在土壤里的地膜碎屑越来越多，据有关人员实地技术统计，使用地膜种植 10 年左右的耕地，土壤里残留地膜 17 公斤；使用地膜耕种 15 年的耕地，土壤里残留地膜 23 公斤；使用地膜耕种 20 年的耕地，土壤里地膜残留 28 公斤；使用地膜种植 30 年以上的耕地，土壤里残留地膜 45 公斤。这些残留地膜：其一，都成碎屑，很难再清除，或者说清除的人工成本极其高；其二，残留地膜破坏土壤通透性，恶化土壤结构，如果种子播撒在残留地膜上或残留地膜附近，由于根不能扎进附近土壤，养分也不能在土壤里顺畅输送，结果种子不能发芽，直接导致农地同样成本付出产量逐年减少，严重的每隔 5 年耕地产量减产 10%—23%；其三，随着时间的推移，土壤恶化，耕地被毁。解决途径有：其一，使用更厚的地膜，超过 0.01 毫米的地膜就可每次使用后整块从土地上揭起回收；其二，使用新技术的生物可降解膜；其三，不再使用地膜。每个途径的问题有：首先，使用超过 0.01 毫米的地膜，这种地膜每年使用后，人工可整块从土壤上揭起回收，从而不会留下残留物。但第一，这种地膜会增加农户成本，农户测算，平均每增加 0.001 毫米，每亩地的地膜成本将增加 6 元；第二，每家农户耕种面积大，即使使用较厚地膜，每年使用人工把地膜整块揭起耗时耗力，远高于劳动力的机会成本；第三，即使这些地膜被揭起，工厂回揭起来对其进行清理、利用和再加工，其中的人力成本和加工成本较高，也高于当地同样投入的机会成本。其次，采用生物可降解膜可避免土壤里留下残膜。但是第一，目前最便宜的生物可降解膜也比普通地膜平均价钱贵 2—3 倍，大大增加农户的成本。在新疆地区，当地政府很关心地膜问题，一直在进行各种地膜实验，但都未取得好的效果。第二，目前生物可降解膜技术还不过关。比如，若生物可降解膜生产得较薄一些，透光会更好，也容易降解，但不等作物保护期过完，地膜已经降解，结果对农业生产作用效果差。若生物可降解膜生产得厚一些，会导致透光不好，而且降解时间也会延长，影响下一茬庄稼的成长。所以当地农户一般不愿意使用生物降解膜。第三，如果不使用地膜，耕地产量将减产 20%—30%。第四，当地地膜生产厂家根据市场需求继续生产 0.008 毫米地膜，当地农户继续使用这种地膜，但每次播种之前使用机械对土壤里的残膜尽量进行回收，这种回收率大概是每年新铺下去地膜的 70%，剩下的碎膜一年年残留土壤中。

我国甘肃省广河县也是气温较低、缺水地区，这里的农民主要种玉米、马铃薯，所以地膜种植也是当地必需的耕种技术。但这里的耕地基本是丘陵和山地，每个地块较小，每家农户承包的耕地也较少，平均只有几亩耕地，而且当地人均收入较低，较贫困。农民使用地膜也是从农资市场购买，但当地工商局规定当地农资市场不允许销售低于 0.01 毫米的地膜。农户使用这种地膜后，其一，相对于较薄地膜，农户的地膜成本增加了不少，但每家农户的耕地面积少，每个地块也较小，每年农户在作物保护期过后，会顺带把耕地上的地膜整块揭起回收。其二，农户回收起来的地膜可以卖给当地回收企业，价格为每斤 1.2 元，或每立方 100 元，这可弥补使用厚地膜多增加的成本。其三，甘肃省制定了地膜回收补贴政策并设立了补贴资金，比如 2011 年为 1000 万元，2012 年为 2000 万元，并要求生产地膜的主要企业必须按其产量回收一定比例的废旧地膜，还必须独自或与别的企业合作，在各个乡镇建立回收点。补贴方式是每回收 200 吨清洗颗粒，政府给企业补贴 5 万—10 万元，企业再拿着这些补贴去支付地膜回收费用。其四，地方乡镇政府也要对地膜回收进行补贴，对于回收地膜的人员，除卖给回收企业的废旧地膜收入外，地方政府给予每吨 100 元补贴。其五，政府有专门人员定期检查企业废旧地膜回收情况、企业补贴资金使用情况、田间地头的残膜情况。其六，如果一些农户没有回收自家耕地上的地膜，会有一些农村闲散人员积极去地头拾起这些残膜，因为把这些回收的残膜卖给回收企业可赚取收入，平均每天可获得 100 元左右收入。企业也积极设点收购残膜，因为这可完成企业回收指标，领取补贴资金，并且企业也愿意只生产 0.01 毫米以上厚度的地膜，因为这样地膜便于回收，完成他们的回收任务。结果是在广河县的地膜生产企业根据市场需求只生产 0.01 毫米厚的地膜，农户使用这种地膜后每年都有人工回收，耕地没有地膜残留。①

　　比较两个地区的地膜生产企业和农户的农地耕种可以看出：第一，就生产经营内容的转变方式和效果来说，农地耕种时的地膜使用方式和地膜生产企业的产品生产这两个方面是两个地方都面临的产业演进中的转型升级问题，两个地方的政府也都很重视，但两个地方的企业和农户最终在经营中形成的产业转型效果是不一样的，一个地方采取生产厚膜、回收地膜的方式，以避免地膜残留，另一个地方采取生产薄膜、有限清除残留薄膜，但不断研发、试验新地膜产品和新技术的生产和耕种途径，结果在农地中不可避免地留下和积累更难以除去的地膜残留。第二，就地膜生产和使用标准来说，虽然国家有统一标准，但一个地方在国家标准范围内自愿选择较高标准，另一个地方则自愿选择较低标准。第三，就两个地方经济条件来说，两个地方尽管有同样的产业，但各自所处的自然条件有差别，人们的富裕程度也有差别，人力资本成本也有差别。其中，新疆农场地处平原，农户较富裕，农业经营机械化程度高，人均收入和人力成本高；而甘肃广河县地处山地，农业生产技术上主要靠手工耕作，该地区的人均收入较低，进一步决定该地区的人力资本成本也较低。第四，就地方政府产业政策选择来说，两个地方的政府针对同样的问题所提出的产业政策不一样，甘肃广河县的地方政府针对地膜残留问题实施回收地膜的地方产业政策，新疆农场的地方政府针对地膜残留问题不实施回收政策，而是一方面

---

①　根据 2013 年 6 月 1 日 "中国财经报道" 材料整理。

政府鼓励不断进行地膜生产上的技术合作创新、试验的产业政策；另一方面，农户自己只进行机械化有限清除地膜的方式。

农地耕种时的地膜使用方式和地膜生产企业的产品生产这两个方面就相当于这两个地区所面临的产业转型升级问题。产生两个地区在这两个方面产业转型升级上的差别的原因，首先，是两个地方的市场状况不一样。新疆农场地区的经济相对富裕，其中，人均耕地较多从而人均收入高，导致人力成本也高，采用人工将废旧地膜从土壤上揭起并回收的行为对市场个体来说是经济上不合算的做法，因此即使地方政府实施回收地膜的产业政策，在该地区也很难有人响应。而甘肃广河县市场状况相反，导致人工回收地膜对市场个体来说在经济上是合算的行为，所以地方政府能成功实施相应的回收政策。其次，是地方政府的收益最大化行为决定的。在新疆农场地区，由于每户耕地面积大，在单位面积农地收益和成本一定的情况下，如果政府按土地面积给予人工回收废旧地膜补贴，给每户的补贴资金就很高，地方政府根据农地收益与人均补贴的对比是不合算的，所以不会实施人工回收地膜产业政策。甘肃广河县政府的情况相反，政府根据农地收益与人均补贴的对比，用较少的财政支出就可实现废旧农膜回收，对地方政府来说是合算的。这样也就产生两地产业政策上的差别。这表明，企业参与产业转型升级的行为和效果是市场状况、市场机制和地方政府产业政策共同作用的结果，产业政策并不能取代市场机制，相反是依靠市场机制才能发挥作用的。同时也可以看出，地方政府的产业政策是受地方政府利益约束的，不一定完全与上级政府的产业转型目标保持高度一致。

第二节　地方政府产业政策干预下的产业转型升级模型

在有地方产业政策干预下，企业就会考虑这种干预给其经营带来的收益、成本和风险变化，然后决定自己的经营行为，尤其企业会决定如何改变其在新、旧产业之间的资源投入和产出。为了反映地方政府产业政策对企业经营收益、成本和风险的改变，我们以地方政府对企业在新产业上的产出补贴、投入补贴、税收水平等变量来代表地方产业政策干预的方式和程度。之所以可以这么代表，首先，当地方产业政策对企业实施边际激励时，地方政府会针对企业在新产业上的投入增加量或产出增加量给予补贴，或者针对企业在旧产业上的投入和产出给予惩罚或限制，而这样的产业政策激励可直接以企业在新产业投入和产出上获取的补贴以及在旧产业上缴税的多少来代表其政策干预的方式和程度；其次，当地方产业政策对企业进行规模激励时，地方政府会针对企业在新产业上的产出规模设定一个规模标准，通常是企业的产出规模达到这一设定的规模要求时，地方政府就给予一定的补贴或提供某种优惠帮助，或者企业的产出没达到某一设定的规模时，地方政府都会给予相应的补贴或某种优惠帮助，那么对企业来说，这意味着企业在新产业上的产出或投入每达到一定规模要求后，就能获得一定量的额外收益或优惠，或成比例的，或不成比例的，对于一个在新产业上将不断发展扩大的企业来说，我们可近似将其处理为与产出成比例的补贴，或者从一个地方参与产业转型升级的企业数据统计上来说，也可近似看作企业按产出成比例获取的补贴，所以这类产业政策激励也可以产出成比例的补贴来代表；最后，当地方产业政策对企业进行风险激励时，地方政府会对企业在产业转型升级上的高风险给予高的风险补贴，从而提高企业在这方面的风险期望收益，这也是风险激励的本质，因此，仍可近似的以企业在新产业投入或产出上按比例获取的补贴来代表这类产业政策激励作用。

一　地方政府产业政策干预的企业行为模型

仍假设某一旧产业中有两家风险偏好型企业愿尝试向新产业转型升级，分别为 i 和 j，每家企业在新产业上面对产品市场需求函数仍为 $p = a - bQ$，其中 $Q = q_i + q_j$，a、b 为常数，a、$b > 0$，$Q \leqslant a/b$，其他假设条件也与上一章的假设条件一样。那么，在有地方政府产业补贴政策和税收政策下，两家企业的利润方程式可分别表示为下面的方程组：

$$\pi_i = (1 - t_1)\left[\pi_0 - \gamma(x_i^2/2)\theta\pi_0\right] + (1 - t_2)\left[(a - bQ)q_i - (C - x_i - \beta x_j)\right.$$
$$\left. q_i - \gamma(x_i^2/2)\right] + s_1 x_i + s_2 q_i \tag{4.1}$$

$$\pi_j = (1 - t_1)\left[\pi_0 - \gamma(x_j^2/2)\theta\pi_0\right] + (1 - t_2)\left[(a - bQ)q_j - (C - x_j - \beta x_i)\right.$$
$$\left. q_j - \gamma(x_j^2/2)\right] + s_1 x_j + s_2 q_j \tag{4.2}$$

上面两式中，首先，t_1 代表政府对旧产业征收的税率，$0 \leqslant t_1 \leqslant 1$，由于旧产业的特点为利润率较低、市场竞争和产业经营基本定型，导致单位资本利润基本不变，所以可以间接用与企业利润成比例收税的方式来代表政府对旧产业的各种征税，其中，$\left[\pi_0 - \gamma(x_i^2/2)\theta\pi_0\right]$ 是企业 i 在旧产业上的利润。

其次，t_2 是政府对新产业征收的税率，$0 \leqslant t_2 \leqslant 1$。当地方政府干预企业行为时，地方政府需要通过向企业收税来为其干预行为提供资金。一般来说，地方政府对旧产业中的企业肯定要征税，但对新产业中的企业，在初期不仅不会收税，还要给予补贴，目的是扶持新产业。不过政府并不是对新产业永远不征税，当新产业进入盈利期后，政府也开始对该产业的企业征税。通常新产业将来能给地方政府带来的税收更多，所以地方政府才会去激励企业参与产业转型升级。有时新产业并不是发展得很成熟，但只要有了盈利，且地方政府认为可以征税时，也会对新产业中的企业开始征税。有时，新产业已经开始产生盈利，但地方政府出于别的政绩目的，认为不应对新产业征税时，即使有了盈利，新产业中的企业也不缴税。总之，平均来说，政府对新产业也有税收要求，只不过新产业发展的不同阶段征税情况不同而已。由于新产业只有在能产生盈利之后才向地方政府缴纳税收，所以我们这里也把地方政府对新产业的征税间接地表示为政府按新产业中企业的利润成比例征税，以反映政府对新产业征税的特点：新产业利润为零时，政府不对其征税。其中，企业 i 在新产业上的利润是 $[(a-bQ)q_i - (C-x_i-\beta x_j)q_i - \gamma(x_i^2/2)]$。而且由于新产业在开始阶段一般没有利润，所以政府在新产业上的税收 $t_2[(a-bQ)q_i - (C-x_i-\beta x_j)q_i - \gamma(x_i^2/2)]$ 也可理解为政府在新产业上的税收期望收益。

最后，s_1 为地方政府对企业在新产业投入上的边际激励补贴，其目的是增加企业在新产业上的研发、开拓等培育新产业上的投入，或者在新产业上升级的投入；而 s_2 为地方政府对企业在新产业产出规模上的激励补贴，或对企业在产业升级规模上的激励补贴，其目的是不管新产业成熟到什么程度，都想增加企业在新产业上的产出规模，或增加企业产业升级的规模。其中，s_2 可进一步分解为两部分构成，即 $s_2 = s_3 + s_4$。s_3 为地方政府对企业在新产业产出上的边际激励补贴，或在产业升级上的边际激励补贴。s_4 为地方政府对企业在新产业上的规模激励补贴，或在产业升级上的规模激励补贴。

每家企业仍然根据各自的利润最大化来决定自己在新产业上的投入规模和产出规模。对上面两个企业利润方程组，我们仍利用逆向求解法对该模型的结论进行推导，即先求解每家企业的最优产出 q_i^*，然后根据最优产出推导其最优投资 x_i^*。

对式（4.1）、式（4.2）求一阶条件 $\partial \pi_i / \partial q_i = 0$ 和 $\partial \pi_j / \partial q_j = 0$ 得：

$$2bq_i = a - bq_j - (C - x_i - \beta x_j) + \frac{s_2}{1 - t_2} \qquad (4.3)$$

$$2bq_j = a - bq_i - (C - x_j - \beta x_i) + \frac{s_2}{1 - t_2} \qquad (4.4)$$

将式（4.4）代入式（4.3）得企业 i 的最优产量为：

$$q_i^* = \frac{1}{3b}[a - C + (2 - \beta)x_i + (2\beta - 1)x_j] + \frac{1}{3b} \cdot \frac{s_2}{1 - t_2} \qquad (4.5)$$

将式（4.3）代入式（4.4）得企业 j 的最优产量为：

$$q_j^* = \frac{1}{3b}[a - C + (2 - \beta)x_j + (2\beta - 1)x_i] + \frac{1}{3b} \cdot \frac{s_2}{1 - t_2} \qquad (4.6)$$

由式（4.5）、式（4.6）得 Q^* 为：

$$Q^* = q_i^* + q_j^* = \frac{1}{3b}[2a - 2C + (1 + \beta)x_i + (1 + \beta)x_j] + \frac{2}{3b} \cdot \frac{s_2}{1 - t_2} \quad (4.7)$$

将式（4.7）代入式（4.1）得企业 i 的利润为：

$$\pi_i = (1 - t_1)[1 - \theta\gamma(x_i/2)]\pi_0 + (1 - t_2)[bq_i^2 - \gamma(x_i^2/2)] + s_1 x_i \quad (4.8)$$

对式（4.8）求一阶条件 $\partial \pi_i / \partial x_i = 0$ 得企业 i 的最优投资水平 x_i 为：

$$x_i = A_1 x_j + B_1 \qquad (4.9)$$

其中，$A_1 = \dfrac{2(1 - t_2)(2 - \beta)(2\beta - 1)}{9b\gamma(1 - t_1)\theta\pi_0 + 9b\gamma(1 - t_2) - (2 - \beta)^2}$，

$B_1 = \dfrac{2(1 - t_2)(2 - \beta)(a - C) + 2(2 - \beta)s_2 + 9bs_1}{9b\gamma(1 - t_1)\theta\pi_0 + 9b\gamma(1 - t_2) - (2 - \beta)^2}$。

根据 i、j 的对称性求解企业 j 的最优投资水平 x_j 为：

$$x_j = A_1 x_i + B_1 \qquad (4.10)$$

将式（4.10）代入式（4.9）得企业 i 的最优投资水平 x_i^* 为：

$$x_i^* = \frac{2(1 - t_2)(2 - \beta)(a - C) + 2(2 - \beta)s_2 + 9bs_1}{9b\gamma(1 - t_1)\theta\pi_0 + 9b\gamma(1 - t_2) - 2(1 - t_2)(2 - \beta)(1 + \beta)} \qquad (4.11)$$

将式（4.9）代入式（4.10）得企业 j 的最优投资水平 x_j^* 为：

$$x_j^* = x_i^* \qquad (4.12)$$

将式（4.11）、式（4.12）代入式（4.5）得企业 i 的最优产出：

$$q_i^* = \frac{1}{3b} \cdot \frac{9b\gamma(1 - t_1)\theta\pi_0(a - C) + 9b\gamma(1 - t_2)(a - C) + 2(1 + \beta)(2 - \beta)s_2 + (1 + \beta)9bs_1}{9b\gamma(1 - t_1)\theta\pi_0 + 9b\gamma(1 - t_2) - 2(1 - t_2)(2 - \beta)(1 + \beta)}$$

$$+ \frac{1}{3b} \cdot \frac{s_2}{1 - t_2} \qquad (4.13)$$

上述式（4.11）和式（4.13）代表有地方政府产业政策干预时，某一典型企业从事产业转型升级的行为选择。从这两个表达式可以看出，两个等式的值都与 t_1、t_2、s_1、s_2 有关，说明有了地方政府产业政策干预后，企业向新产业转型升级的投入规模和产出规模都将受地方政府产业政策的惩罚和激励的影响。

二　对企业行为的解释

这里从两个方面来分析有了地方政府产业政策后的企业行为特点和产业转型升级的结果：一是地方产业激励政策对市场机制作用因素的影响，即 θ、β 等因素的作用是否因 s_1、s_2 而发生改变和如何改变；二是 t_1、t_2、s_1、s_2 等政策本身引起企业行为发生什么样的改变，相应的产业转型升级效果是怎样的。

（一）产业激励政策对 θ 作用的影响

首先，由式（4.11）、式（4.13）得

$$\frac{\partial x_i^*}{\partial \theta} = -\frac{9b\gamma(1-t_1)\pi_0[2(1-t_2)(2-\beta)(a-C)+2(2-\beta)s_2+9bs_1]}{[9b\gamma(1-t_1)\theta\pi_0+9b\gamma(1-t_2)-2(1-t_2)(2-\beta)(1+\beta)]^2} < 0$$

$$(4.14)$$

$$\frac{\partial q_i^*}{\partial \theta} = -\frac{3\gamma(1-t_1)\pi_0(1+\beta)[2(1-t_2)(2-\beta)(a-C)+2(2-\beta)s_2+9bs_1]}{[9b\gamma(1-t_1)\theta\pi_0+9b\gamma(1-t_2)-2(1-t_2)(2-\beta)(1+\beta)]^2} < 0$$

$$(4.15)$$

由于 θ 代表旧产业的资本收益率，或者新旧产业之间资本收益对比，所以式（4.14）、式（4.15）表明，企业仍根据新、旧产业之间的资本收益率对比来决定其在新产业研发、开拓上的投入和产出，且旧产业单位资本收益越高，企业在新产业发展上的投资越少，在新产业上的产出也越少。这与完全市场机制下的企业行为一样，没有改变。

其次，由式（4.14）、式（4.15）进一步得到下面的两个关系式。

$$\frac{\partial^2 x_i^*}{\partial\theta\partial s_2} = -\frac{18b\gamma(1-t_1)\pi_0(2-\beta)}{[9b\gamma(1-t_1)\theta\pi_0+9b\gamma(1-t_2)-2(1-t_2)(2-\beta)(1+\beta)]^2} < 0$$

$$(4.16)$$

$$\frac{\partial^2 x_i^*}{\partial\theta\partial s_1} = -\frac{81b^2\gamma(1-t_1)\pi_0}{[9b\gamma(1-t_1)\theta\pi_0+9b\gamma(1-t_2)-2(1-t_2)(2-\beta)(1+\beta)]^2} < 0$$

$$(4.17)$$

$$\frac{\partial^2 q_i^*}{\partial \theta \partial s_2} = -\frac{6\gamma(1-t_1)\pi_0(1+\beta)(2-\beta)}{[9b\gamma(1-t_1)\theta\pi_0 + 9b\gamma(1-t_2) - 2(1-t_2)(2-\beta)(1+\beta)]^2} < 0$$

(4.18)

$$\frac{\partial^2 q_i^*}{\partial \theta \partial s_1} = -\frac{27b\gamma(1-t_1)\pi_0(1+\beta)}{[9b\gamma(1-t_1)\theta\pi_0 + 9b\gamma(1-t_2) - 2(1-t_2)(2-\beta)(1+\beta)]^2} < 0$$

(4.19)

不等式（4.16）和式（4.17）的值都不为零说明，当有了政府鼓励企业向产业转型升级的补贴政策后，与不存在这种激励政策相比，企业改变了资本在新旧产业之间的流动幅度，也就是企业增加和减少对新产业的资本投入时，增加和减少的幅度都变大了。从直观上，通常我们会认为，有了政府对新产业的投入和产出上的补贴激励政策后，企业对新产业投入增加时，增加的幅度应该增大，企业对新产业投入减少时，减少的幅度应该减小，以体现政府补贴政策引起企业对新产业投入上的偏向。其实这二者并不矛盾，原因是有了政府产业政策补贴后，企业在新产业上的投入确实比原来增加了，但企业在新产业上研发、开拓所进行的投入为其带来的收益是边际递减的，或者说这方面的资本投入成本是边际递增的，所以企业在新产业上增加投入后，再要获取同样的收益，资本成本的变动幅度更大了，从而 θ 发生 1 单位变动时，对应于新产业上的 1 单位收益所需变动的资本投入量也就更大了，所以这种流动幅度更大了，与企业在新产业上投入比原来增多了其实是一致的。

不等式（4.18）和式（4.19）说明了与不等式（4.16）和式（4.17）同样的道理。而且结合式（4.14）、式（4.15）还可看出，$(\partial q_i^*/\partial\theta)/(\partial x_i^*/\partial\theta) = (\partial^2 q_i^*/\partial\theta\partial s_1)/(\partial^2 x_i^*/\partial\theta\partial s_1) = (\partial^2 q_2^*/\partial\theta\partial s_2)/(\partial^2 x_i^*/\partial\theta\partial s_2)$，表示当 θ 变化时，与 x_i^* 的变化引起的 q_i^* 按一定比例的变化相一致，式（4.16）至式（4.19）中，伴随 s_1、s_2 的变化，x_i^* 的流动幅度变化引起的 q_i^* 变动幅度也是呈一致的比例变化的。这说明即使在政府激励政策下，伴随 θ 的变化，企业在新产业的产出上的变化总是跟随新产业培育发展的程度而变化的。

（二）产业激励政策对 β 作用的影响

首先，由式（4.11）、式（4.13）得

$$\frac{\partial x_i^*}{\partial \beta} = -\frac{2[(1-t_2)(a-C)+s_2][9b\gamma(1-t_1)\theta\pi_0 + 9b\gamma(1-t_2) - 2(1-t_2)(2-\beta)^2] - 9bs_1(1-t_2)(1-2\beta)}{[9b\gamma(1-t_1)\theta\pi_0 + 9b\gamma(1-t_2) - 2(1-t_2)(2-\beta)(1+\beta)]^2}$$

$$(4.20)$$

$$\frac{\partial q_i^*}{\partial \beta} = \frac{3\gamma\left[(1-t_2)\theta\pi_0 + (1-t_2)\right]\left[2(1-t_2)(a-C)(1-2\beta) + 2s_2(1-2\beta) + 9bs_1\right] - 6s_1(1+\beta)^2(1-t_2)}{\left[9b\gamma(1-t_1)\theta\pi_0 + 9b\gamma(1-t_2) - 2(1-t_2)(2-\beta)(1+\beta)\right]^2}$$

$$(4.21)$$

（1）式（4.20）中，$\partial x_i^*/\partial\beta$ 的值是不确定的，不过由于该式的分母为正数，所以 $\partial x_i^*/\partial\beta$ 的值是正还是负取决于分子，尤其分子中 $\left[9b\gamma(1-t_1)\theta\pi_0 + 9b\gamma(1-t_2) - 2(1-t_2)(2-\beta)^2\right]$ 的值和 $9bs_1(1-t_2)(1-2\beta)$ 的值。如果 $\left[9b\gamma(1-t_1)\theta\pi_0 + 9b\gamma(1-t_2) - 2(1-t_2)(2-\beta)^2\right] > 0$ 且 $9bs_1(1-t_2)(1-2\beta) < 0$，则式（4.20）中的 $\partial x_i^*/\partial\beta < 0$；如果 $\left[9b\gamma(1-t_1)\theta\pi_0 + 9b\gamma(1-t_2) - 2(1-t_2)(2-\beta)^2\right] < 0$ 且 $9bs_1(1-t_2)(1-2\beta) > 0$，则式（4.20）中的 $\partial x_i^*/\partial\beta > 0$。

相应地，由 $\left[9b\gamma(1-t_1)\theta\pi_0 + 9b\gamma(1-t_2) - 2(1-t_2)(2-\beta)^2\right]$ 和 $9bs_1(1-t_2)(1-2\beta)$ 可以得出：当 $\beta > 1/2$，且 $\beta > 2 - \sqrt{4.5b + 4.5b\gamma(1-t_1)\theta\pi_0/(1-t_2)}$ 时，有 $\partial x_i^*/\partial\beta < 0$，而当 $\beta < 1/2$，且 $\beta < 2 - \sqrt{4.5b + 4.5b\gamma(1-t_1)\theta\pi_0/(1-t_2)}$ 时，就有 $\partial x_i^*/\partial\beta > 0$。其中，$1/2$ 和 $2 - \sqrt{4.5b + 4.5b\gamma(1-t_1)\theta\pi_0/(1-t_2)}$ 是 β 影响企业在新产业上资本变动方向的两个临界点，但这两个临界点都与 s_1、s_2 无关，说明 β 对企业在新产业上的资本变动方向的影响不因政府的产业补贴政策 s_1、s_2 而改变。其背后的经济解释是，伴随 β 的变化，企业对新产业研发、开拓上的投资是增加还是减少，取决于企业之间单位投资所伴随的外部性大小，政府的补贴激励政策 s_1、s_2 有可能改变新产业发展上总的投资规模，从而改变总的外部性大小，但却不会改变单位资本投资所伴随的外部性，单位资本投资所伴随的外部性是由新产业本身在研发、开拓过程中的技术特点以及市场结构特点决定的，因此这两个临界点与 s_1、s_2 无关。

（2）式（4.21）中，$\partial q_i^*/\partial\beta$ 的值也是不确定的，从表达式可以看出，该式的值是正还是负同样也取决于分子。如果分子中的 $\left[2(1-t_2)(a-C)(1-2\beta) + 2s_2(1-2\beta) + 9bs_1\right] < 0$；则一定有 $\partial q_i^*/\partial\beta < 0$，如果 $\left[2(1-t_2)(a-C)(1-2\beta) + 2s_2(1-2\beta) + 9bs_1\right] > 0$，则不一定 $\partial q_i^*/\partial\beta < 0$，也不一定 $\partial q_i^*/\partial\beta > 0$。但伴随 β 变化，是否 $\left[2(1-t_2)(a-C)(1-2\beta) + 2s_2(1-2\beta) + 9bs_1\right] < 0$，除了与 β 有关外，显然还与该式中 s_1、s_2 的大小有关，

这至少说明，伴随 β 变化，企业在新产业上的产出量是增加还是减少要受政府产业激励政策 s_1、s_2 的影响。尤其 s_1、s_2 越小，$\partial q_i^* / \partial \beta < 0$ 的可能性越大。之所以与式（4.20）的结论不同，s_1、s_2 会影响企业在产出上的变动方向，原因是企业在新产业上产出量的变化直接决定其在新产业上的收益，而 s_1、s_2 的大小又影响企业的收益，所以就会影响企业产出上的变动方向。

另外，从 $[2(1-t_2)(a-C)(1-2\beta) + 2s_2(1-2\beta) + 9bs_1]$ 还可看出，即使 $\beta > 1/2$，也不一定有 $[2(1-t_2)(a-C)(1-2\beta) + 2s_2(1-2\beta) + 9bs_1] < 0$ 和 $\partial q_i^* / \partial \beta < 0$，与完全市场机制下 $\beta > 1/2$ 时就一定有 $\partial q_i^* / \partial \beta < 0$ 相比，有了政府的产业补贴政策 s_1、s_2，对企业产出影响的临界点也改变了，尤其是 β 的临界点比完全市场机制下更高了。

其次，由式（4.20）、式（4.21）进一步可得

$$\frac{\partial^2 x_i^*}{\partial \beta \partial s_1} = \frac{9b(1-t_2)(1-2\beta)}{[9b\gamma(1-t_1)\theta\pi_0 + 9b\gamma(1-t_2) - 2(1-t_2)(2-\beta)(1+\beta)]^2}$$

$$(4.22)$$

$$\frac{\partial^2 x_i^*}{\partial \beta \partial s_2} = -\frac{2[9b\gamma(1-t_1)\theta\pi_0 + 9b(1-t_2) - 2(1-t_2)(2-\beta)^2]}{[9b\gamma(1-t_1)\theta\pi_0 + 9b\gamma(1-t_2) - 2(1-t_2)(2-\beta)(1+\beta)]^2}$$

$$(4.23)$$

$$\frac{\partial^2 q_i^*}{\partial \beta \partial s_1} = \frac{27b\gamma[(1-t_2)\theta\pi_0 + (1-t_2)] - 6(1+\beta)^2(1-t_2)}{[9b\gamma(1-t_1)\theta\pi_0 + 9b\gamma(1-t_2) - 2(1-t_2)(2-\beta)(1+\beta)]^2}$$

$$(4.24)$$

$$\frac{\partial^2 q_i^*}{\partial \beta \partial s_2} = \frac{6\gamma[(1-t_2)\theta\pi_0 + (1-t_2)](1-2\beta)}{[9b\gamma(1-t_1)\theta\pi_0 + 9b\gamma(1-t_2) - 2(1-t_2)(2-\beta)(1+\beta)]^2}$$

$$(4.25)$$

上述各式的值都不一定为零，说明伴随 β 的变化，企业在投资变化和产出变化的变化幅度上都会受政府产业补贴政策 s_1、s_2 的影响。之所以这样，是因为伴随 β 变化，企业在投资变化和产出变化上的变化幅度是由单位投资的收益和单位产出的收益决定的，而 s_1、s_2 的大小会影响企业单位投资的收益和单位产出的收益，所以由企业利润最优化行为所决定的企业的投资和产出变化幅度因 s_1、s_2 而改变，当然改变的方向是不确定的，取决于等式中各因素的对比。

最后，由式（4.9）得

$$\frac{\partial x_i}{\partial x_j} = \frac{2(1 - t_2)(2 - \beta)(2\beta - 1)}{9b\gamma(1 - t_1)\theta\pi_0 + 9b\gamma(1 - t_2) - (2 - \beta)^2} \tag{4.26}$$

该式的数值与 s_1、s_2 也无关，表明企业之间在新产业投资上的相互影响关系并不因政府的产业补贴政策 s_1、s_2 而改变。通常从直觉我们会认为，当有政府产业补贴政策 s_1、s_2 时，由于多增加的投资成本的一部分由政府给予补贴，产生的收益也因政府给予一定的补贴而增加了，从而企业会增加在新产业上的投资，而当 j 企业增加在新产业研发、开拓上的投入时，为了与 j 企业竞争或利用 j 企业的投资行为带来的外部性，i 企业也将增加或减少在新产业上的投入，所以当有政府产业补贴政策 s_1、s_2 时，企业增加或减少投资的幅度应该因政府的产业补贴政策 s_1、s_2 而改变。但事实不是这样，原因是政府的产业补贴政策 s_1、s_2 是对所有企业的，当一家企业因为政府的产业补贴政策 s_1、s_2 而改变对新产业投资的力度时，别的企业也会同样这么做，使得企业之间的竞争程度发生改变，这种改变恰好抵消掉 s_1、s_2 对企业行为产生的作用，所以最终体现出来的是企业之间投资相互影响关系不受政府产业补贴政策的影响。

（三）政府补贴政策本身对企业在新产业上的投入和产出的影响

首先，在式（4.11）中，由于 $x_i^* \geqslant 0$，又由于式（4.11）的分子是大于零的数值，所以其分母也一定是大于零的数值，如果令其分母 $9b\gamma(1 - t_1)\theta\pi_0 + 9b\gamma(1 - t_2) - 2(1 - t_2)(2 - \beta)(1 + \beta) = X$，也就是有 $X > 0$，同时 X 也是式（4.13）的分母。那么由式（4.11）和式（4.13）得

$$\frac{\partial x_i^*}{\partial s_1} = \frac{9b}{X} > 0 \tag{4.27}$$

$$\frac{\partial x_i^*}{\partial s_2} = \frac{2(2 - \beta)}{X} > 0 \tag{4.28}$$

$$\frac{\partial q_i^*}{\partial s_1} = \frac{3(1 + \beta)}{X} > 0 \tag{4.29}$$

$$\frac{\partial q_i^*}{\partial s_2} = \frac{1}{3b} \cdot \frac{2(1 + \beta)(2 - \beta)}{X} + \frac{1}{3b} \cdot \frac{1}{1 - t_2} > 0 \tag{4.30}$$

式（4.27）至式（4.30）中的导数值都是大于零的，表明如果有了政府对新产业的产业补贴政策，这种补贴肯定对企业在新产业上的投入和产出有正向的促进作用。不过这些表达式还表明，这种正向促进作用的大小都与 θ 和 β 有关，即受 θ 和 β 的影响，通过对式（4.27）至式（4.30）

进一步求解 $\partial^2 x_i^*/\partial s_1\partial\theta$、$\partial^2 x_i^*/\partial s_2\partial\theta$、$\partial^2 q_i^*/\partial s_1\partial\theta$、$\partial^2 q_i^*/\partial s_2\partial\theta$、$\partial^2 x_i^*/\partial s_1\partial\beta$、$\partial^2 x_i^*/\partial s_2\partial\beta$、$\partial^2 q_i^*/\partial s_1\partial\beta$、$\partial^2 q_i^*/\partial s_2\partial\beta$ 的值，我们会发现，其中 θ 的增加会减弱各种补贴的促进作用，而 β 的增加会增强各补贴对产出的促进作用，但会减弱各补贴对投入的促进作用，求解过程我们在这里省略，不再呈现出来。

产生这种影响差异的经济解释：一是旧产业上资本收益率 θ 的提高使得企业开拓新产业的积极性下降，投入资本增加新产业的产出积极性也下降，有政府产业补贴政策时，这种补贴政策的促进作用也会因旧产业上资本收益率 θ 的提高而打折扣；二是企业之间的外部性帮助 β 的上升之所以会增加补贴政策对产出的促进作用，是因为补贴政策会增加企业在新产业上单位产出的收益，还会减低单位产出的成本，当 β 增加时，单位产出的成本会进一步降低，所以会增加补贴政策对产出的促进作用；三是企业之间的外部性帮助 β 的上升之所以会减弱补贴对投入的促进作用，是因为外部性帮助上升时，企业不愿意增加自身在新产业研发、开拓上的成本投入，更愿意利用外部性节省自身在这方面的投入成本，所以当有政府补贴政策激励企业增加对新产业发展的投资时，这种激励作用会因 β 的上升而打折扣。

其次，对比式（4.27）和式（4.28）中的 $\partial x_i^*/\partial s_1$ 和 $\partial x_i^*/\partial s_2$ 可看出，哪一个数值更大是不确定的，取决于两个表达式中的分子大小的对比。如果 $9b > 2(2-\beta)$，则有 $\partial x_i^*/\partial s_1 > \partial x_i^*/\partial s_2$，此时意味着政府同样的补贴支出，如果用在对企业新产业研发、开拓投入补贴上，比用在对企业新产业的产出补贴上，激励企业对新产业培育的效果更大。反之，如果 $9b < 2(2-\beta)$，则有 $\partial x_i^*/\partial s_2 > \partial x_i^*/\partial s_1$，此时意味着地方政府同样的补贴支出，如果用在对企业新产业的产出补贴上，比用在对企业新产业研发、开拓投入补贴上，对新产业培育的效果更好。

之所以有这样的差别，是因为一方面，b 反映的是产品需求市场上价格对产品供给量的敏感性，b 的大小取决于企业之间的竞争程度和竞争方式、需求方对产品的偏好或者说产品的功能及其完善程度。b 越大，表示伴随各企业对新产业投入的增加和市场上产出增加时，企业之间的竞争会使每家企业的收益增加时，增加的边际量较小，结果每家企业的产出增加量也就很少，此时政府如果针对企业的产出量对企业进行补贴，企业所得补贴收益和相应的积极性也就不高，最终是地方政府针对企业产出的补贴政策没有针对企业投入的补贴政策效果更好。而 b 较小时，则情况相反。另一方面，$2(2-\beta)$ 反映了企业单位产出所需的新产业研发、开拓成本投入，尤其 β 反映的是企业在新产业发展上彼此之间行为的正外部性，β 越大，表示这种外部性帮助越大，这时，企业之间在新产业研发、开拓上会更容易一些，企业之间在新产业发展上垄断性就会弱一些，从而在产品市场上的竞争就更激烈些，那么，随着各家企业在新产业投入增加，每家企业在产品市场上的收益和产出增加也就会较少，结果，同样的政府补贴支出，如果用在企业对新产业研发、开拓投入补贴上，比用在企业对新产业的产出补贴上，对新产业培育的效果要更好。反之，β 越小，则情况相反。另外，由于 $2(2-\beta)>1$，所以只要 $9b<1$，在激励企业对新产业的研发、开拓上，或者说在激励企业对新产业的发展培育上，地方政府采用产出补贴方式就一定会比采用投入补贴方式效果更大。

这里的对比分析结果可从一定程度上解释，为了培育发展新兴产业，为什么有的地方政府针对企业在新产业的投入上进行补贴，而有的地方政府会针对企业在新产业的产出上进行补贴。当然，这只是部分解释，要完整解释地方政府的产业政策选择还必须结合地方政府在新产业上的其他发展目标，也要结合地方政府之间的治理机制问题。

最后，对比式（4.29）和式（4.30）中的 $\partial q_i^*/\partial s_1$ 和 $\partial q_i^*/\partial s_2$ 可看出，哪一个数值更大仍是不确定的，不仅取决于 $9b$ 与 $2(2-\beta)$ 的大小对比，另外，还与 t_2 有关。总的对比结论是：一是 b、β 越大，$\partial q_i^*/\partial s_1 > \partial q_i^*/\partial s_2$ 的可能性越大，此时意味着地方政府如果要激励企业增加新产业的产出，则同样的补贴支出，对企业投入进行补贴比对产出进行补贴的激励效果可能更好。反之，b、β 越小，$\partial q_i^*/\partial s_1 < \partial q_i^*/\partial s_2$ 的可能性越大，此时意味着地方政府如果要激励企业增加新产业的产出，则同样的补贴支出，对企业产出进行补贴比对投入进行补贴的激励效果可能会更好。二是就 t_2 来说，t_2 的增加会使 $\partial q_i^*/\partial s_1 < \partial q_i^*/\partial s_2$ 的可能性增加，即对新产业征税较高的情况下，地方政府如果要激励企业增加新产业的产出，则同样的激励补贴支出，对企业产出进行补贴比对投入进行补贴的激励效果可能会更好。之所以有这样的可能性是因为，t_2 的增加是对企业在新产业上的利润征税增加，如果对企业投资进行补贴，一方面，直接降低企业单位投资成本，另一方面，企业投资的增加会让新产业的研发、开拓取得进展，进一步降低单位产品的生产成本，总的结果是，在补贴量一定的情况下，企

业上缴的利润税更多，于是就可能出现企业产出增加较少的情况。

更值得注意的是，我们根据式（4.27）至式（4.30）不等式可进一步得出：

$$\frac{\partial x_i^* / \partial s_2}{\partial x_i^* / \partial s_1} = \frac{2(2-\beta)}{9b} \tag{4.31}$$

$$\frac{\partial q_i^* / \partial s_2}{\partial q_i^* / \partial s_1} = \frac{2(2-\beta)}{9b} + \frac{1}{1-t_2} \cdot \frac{X}{(1+\beta)9b} \tag{4.32}$$

由于在前面的式（4.11）中的分母 $X > 0$，所以有式（4.32）中的

$\dfrac{1}{1-t_2} \cdot \dfrac{X}{(1+\beta)9b} > 0$，那么根据式（4.31）和式（4.32）两个等式可得出：

$$\frac{\partial q_i^* / \partial s_2}{\partial q_i^* / \partial s_1} > \frac{\partial x_i^* / \partial s_2}{\partial x_i^* / \partial s_1} \tag{4.33}$$

不等式（4.33）变形后可更为直观地表示为：

$$\frac{\partial q_i^* / \partial s_2}{\partial x_i^* / \partial s_2} > \frac{\partial q_i^* / \partial s_1}{\partial x_i^* / \partial s_1} \tag{4.34}$$

因 x_i^* 是企业在新产业研发、开拓等创新活动上的投入，这种投入会使新产业不断获得技术上的突破、市场上的培育和完善等从而走向成熟。而 q_i^* 是企业在新产业上的产出，这个产出可以是在新产业技术不怎么过关或不怎么成熟、市场也不怎么完善的情况下的企业产出，也可以是在新产业技术已过关、市场已成熟的条件下的企业产出。因此，不等式（4.34）表达了产出补贴政策和投入补贴政策对企业的产出激励和投入激励上的差别，这种差别可以表述为：不等式左边是产出补贴政策或者规模激励政策对企业产出激励效果和投入激励效果上的比值，不等式右边是投入补贴政策对企业产出激励效果和投入激励效果上的比值，前者大于后者说明，如果政府只使用规模激励或产出补贴政策，必然导致企业在新产业产出上的增长规模超过新产业研发、开拓等投入上的增长规模，从而新产业技术、市场还不成熟时，产出规模过快增长；如果政府只使用投入补贴政策，就不会出现这种情况，因为这时企业在新产业研发、开拓上投入多少，获得的补贴就是多少，对应的市场产出规模也会由这种新产业的成熟度来决定。

当然，只使用产出补贴政策和规模激励政策，或者只使用投入补贴政

策，或者投入补贴政策和产出补贴政策以及规模激励政策同时使用，不存在绝对对错的问题，要看具体的产业发展阶段。通常在企业经营内容转型的第一、第二阶段，企业在新产业上主要处于技术探索、市场探索时期，新产品功能也没形成，如果地方政府主要实行投入补贴政策，就能有利于促进新产业的技术研发和市场开拓，而如果地方政府主要实行产出补贴政策，就会使功能不完善和市场不完善的新产业产品过量生产，超过市场吸纳能力，带来经济资源的浪费。而在企业经营内容转型的第三、第四阶段，企业在新产品功能和市场探索上基本完成，更需要将新产品形成规模和更广泛地开发应用，以形成规模经济，然后依靠新产业的规模发展来促进新产业的进一步创新和成熟，这时地方政府如果主要实施产出补贴政策，就能促进新产业的进一步发展和在经济中功能的发挥及完善，此时若政府主要实施投入补贴政策，不仅不能激起企业投入的积极性，新产业还会延误时机，地方企业也会延误获取市场高盈利机会，很可能在新产业市场上被别的地区的企业超过。

（四）政府税收政策本身对企业从事产业转型升级行为的影响

首先，由式（4.11）和式（4.13）可得

$$\frac{\partial x_i^*}{\partial t_2} = -\frac{18b\gamma(1-t_1)\theta\pi_0(2-\beta)(a-C) + Y[2(2-\beta)(1+\beta) - 9b\gamma]}{X^2}$$

$$(4.35)$$

$$\frac{\partial x_i^*}{\partial t_1} = \frac{9b\gamma\theta\pi_0[2(1-t_2)(2-\beta)(a-C) + Y]}{X^2} > 0 \qquad (4.36)$$

$$\frac{\partial q_i^*}{\partial t_2} = -\frac{1}{3b} \cdot \frac{18b\gamma(1-t_1)\theta\pi_0(a-C)(2-\beta)(1+\beta) + Y(1+\beta)[2(2-\beta)(1+\beta) - 9b\gamma]}{X^2} + \frac{1}{3b} \cdot \frac{s_2}{(1-t_2)^2}$$

$$(4.37)$$

$$\frac{\partial q_i^*}{\partial t_1} = \frac{1}{3b} \cdot \frac{18b\gamma(1-t_2)\theta\pi_0(a-C)(2-\beta)(1+\beta) + 9b\gamma\theta\pi_0(1+\beta)Y}{X^2} > 0$$

$$(4.38)$$

其中，$X = 9b\gamma(1-t_1)\theta\pi_0 + 9b\gamma(1-t_2) - 2(1-t_2)(2-\beta)(1+\beta)$，$Y = 2(2-\beta)s_2 + 9bs_1$。

从上述式（4.36）和式（4.38）中 $\partial x_i^*/\partial t_1 > 0$ 和 $\partial q_i^*/\partial t_1 > 0$ 表示，

政府对旧产业征税 t_1 会导致企业在新产业上的投资和产出增加，但式
(4.35)和式(4.37)中的 $\partial x_i^* / \partial t_2$ 和 $\partial q_i^* / \partial t_2$ 的值是正还是负是不确定的，
说明政府对新产业征税 t_2，不一定总会导致企业对新产业的投入和产出的
减少。从两个表达式的结构看，$\partial x_i^* / \partial t_2$ 和 $\partial q_i^* / \partial t_2$ 的值是正还是负取决
于两个表达式中分子的数值，而分子中又关键取决于 $[2(2-\beta)(1+\beta)-$
$9b\gamma]$ 的数值是正还是负。如果 $[2(2-\beta)(1+\beta)-9b\gamma]>0$，就一定有
$\partial x_i^* / \partial t_2 < 0$、$\partial q_i^* / \partial t_2 < 0$，即政府对新产业征税就会导致企业在新产业上
的投入和产出减少；如果 $[2(2-\beta)(1+\beta)-9b\gamma]<0$，则有可能 $\partial x_i^* /$
$\partial t_2 > 0$、$\partial q_i^* / \partial t_2 > 0$，这时政府对新产业征税，企业在新产业上的投入和
产出会增加。

对于 t_1 会导致企业增加在新产业上的投入和产出，这一点很容易理
解，原因是 t_1 减少了企业在旧产业上单位资本的收益率，也就降低了新
产业投资的平均机会成本，所以企业愿意在新产业上增加投资和产出。但
对于 t_2 为什么不一定导致企业在新产业上投资和产出的减少就容易使人
感到困惑。究其原因，是因为我们的模型设定政府对新产业征税时，只有
新产业有盈利了政府才征税，不是直接对企业的投入和产出征税。而企业
的盈利是由其在新产业上的收益和成本共同决定的。从收益方面看，企业
增加产出不一定总是带来总收益增加，因为企业产出增加会使产品市场价
格下降，有可能导致企业增加产出时总收益反而下降。就投入方面来说，
企业在新产业研发、开拓上的投入能使新产品单位生产成本下降，但这种
下降所付出的投入也是变化的，如果投入成本过高，也会导致企业在新产
业生产中的总成本上升。那么，如果由于产出增加和投入增加所导致的企
业利润减少幅度大于政府税收增加幅度，则政府征税 t_2 的增加，企业就
会增加新产业上的投入和产出，对企业来说，这样缴纳的税更少。从表达
式 $[2(2-\beta)(1+\beta)-9b\gamma]$ 也可进一步看出这一特征。b 代表产品市场价
格对产出变动的敏感性，b 越大，企业产出增加时，其产品价格下降的幅
度越大；γ 代表新产业研发、开拓中成本增加的程度，γ 越大，表示在新
产业培育上取得同样的进展，需要付出的投入成本越大，所以 $b\gamma$ 就代表
企业在新产业上增加单位投资和增加单位产出所导致的利润减少的程度，
当 $b\gamma$ 很大时，就会有 $[2(2-\beta)(1+\beta)-9b\gamma]<0$，这时就可能出现式
(4.35)和式(4.37)中的分子小于零从而 $\partial x_i^* / \partial t_2 > 0$、$\partial q_i^* / \partial t_2 > 0$ 的情况，
在这种情况下，企业增加投入和产出比不增加投入和产出对企业更有利。

当然，从式（4.35）和式（4.37）还可看出，$b\gamma$ 很大以致 $\partial x_i^* / \partial t_2 > 0$ 和 $\partial q_i^* / \partial t_2 > 0$ 的情况并不容易出现，因为从数学表达式上看，在 $\partial x_i^* / \partial t_2$ 和 $\partial q_i^* / \partial t_2$ 表达式中，除了 $[2(2-\beta)(1+\beta)-9b\gamma]$ 项，其他所有项都是正值，所以表达式的分子为负值可能性很小。从经济含义上的解释就是，一方面，企业对新产业投资和产出的增加会导致旧产业上投资和利润减少，另一方面，企业在新产业上的投资和产出增加所获得的投资补贴和产出补贴不一定非常高，所以更多的时候，政府对新产业征税会导致企业对新产业投资和产出都减少。

如果政府不是对新产业的利润征税，而是直接对企业在新产业上的产出征税，则情况就不一样，这时政府对新产业征税一定会导致企业减少对新产业的投入和产出。作为对比，我们对这种情况简短做一介绍。

在式（4.1）和式（4.2）中令 $t_2 = 0$、$s_2 = s - t_3$，代表政府对新产业的产出征税，那么，式（4.11）和式（4.13）就变为：

$$x_i^* = \frac{2(2-\beta)(a-C)+2(2-\beta)(s-t_3)+9bs_1}{9b\gamma(1-t_1)\theta\pi_0+9b\gamma-2(2-\beta)(1+\beta)} \qquad (4.39)$$

$$q_i^* = \frac{1}{3b} \cdot \frac{9b\gamma(1-t_1)\theta\pi_0(a-C)+9b\gamma(a-C)+2(1+\beta)(2-\beta)(s-t_3)+(1+\beta)9bs_1}{9b\gamma(1-t_1)\theta\pi_0+9b\gamma-2(2-\beta)(1+\beta)} + \frac{1}{3b} \cdot (s-t_3) \qquad (4.40)$$

由这两式得：

$$\frac{\partial x_i^*}{\partial t_3} = -\frac{2(2-\beta)}{9b\gamma(1-t_1)\theta\pi_0+9b\gamma-2(2-\beta)(1+\beta)} < 0 \qquad (4.41)$$

$$\frac{\partial q_i^*}{\partial t_3} = -\frac{1}{3b} \cdot \frac{2(1+\beta)(2-\beta)}{9b\gamma(1-t_1)\theta\pi_0+9b\gamma-2(2-\beta)(1+\beta)} - \frac{1}{3b} < 0 \qquad (4.42)$$

式（4.41）和式（4.42）说明了政府直接对产出征税一定导致企业在新产业上的投入和产出减少。

第三节 本章小结

在我国的转型体制下，地方政府在产业转型升级上干预企业经营行为的方式和可利用的途径很多，从而总能让企业在一定程度上跟随地方政府的意愿行事。而地方政府对企业的各类干预和影响都可简化到企业在新、旧产业经营中的成本和收益的变化上，所以我们也就用企业在新产业上的单位投资补贴和产出补贴来代表政府的激励政策，用企业在新旧产业上缴纳的税收代表政府的惩罚政策。

对于地方政府的产业激励政策来说，首先，其会影响市场机制作用于企业行为的程度，包括：当 θ 变化时，企业在新、旧产业之间的投资和产出变化幅度都比完全市场机制下更大了；当 β 变化时，企业在新、旧产业之间的投资和产出变化幅度与完全市场机制下相比也变化了，只不过是变更大了还是变更小了是不确定的，要看新产业市场本身的结构状况；当 β 变化时，企业在新产业上的产出变化方向会因产业政策而改变，尤其 β 影响企业在新产业上产出是增加还是减少的 β 临界值比完全市场机制下更高了。其次，政府产业激励政策对有些市场机制的作用不产生影响，包括：当 θ 变化时，企业在新、旧产业之间的投资和产出变化方向不因政府产业政策的影响而改变；当 β 变化时，企业在新、旧产业之间的投资变化方向也不因政府产业政策的影响而改变。再次，政府的产业激励政策对企业发挥作用的力度与企业的 θ 和 β 有关，基本结论是，θ 会减弱政府补贴政策的作用效果，β 会促进政府补贴政策在产出上的激励效果，但会减弱补贴政策在新产业发展投入上的激励效果。最后，政府对企业投入上的激励和对产出上的激励对产业转型升级的效果是有区别的。第一个区别在新产业的培育上，或者说在新产业的研发、开拓投入上，一般来说，新产业的产品市场竞争越激烈，或者人们对新产业的产品偏好弱，或者新产业的研发、开拓过程中的正外部性较大，则在激励企业培育新产业上，对企业的投入进行补贴比对企业的产出进行补贴，效果要好。相反，新产业的产品市场竞争不激烈，或人们对新产业的产品偏好强，或者新产业的研发、开拓壁垒强，在激励企业培育新产业上，则对企业的产出进行补贴比对企业的投入进行补贴的效果要好。第二个区别在新产业的产出规模上，基本结论是，企业在新产业研发、开拓过程中的正外部性越大、新产业产品市场竞争越激烈、人们对新产业的产品偏好弱，则对企业的投入进行补贴比对企业的产出进行补贴效果要好，也就是更能增加新产业的产出规模；反之则相反。第三个区别在新产业发展的合理性上，当新产业技术和市场不成熟时，如果新产业产出过多，就会超过经济对新产业的产品吸纳能力，也意味着在新产业上过度浪费社会资源，我们就说新产业的发展状况是不合理的。如果新产业的技术和市场经营方式都已成熟，但其产出不能满足经济对新产业的强大需求，我们也认为新产业的发展状况是不合理的。按这样的判断标准，分析发现，在完全的市场机制下，新产业的产出就有偏离新产业的研发、开拓进展程度的情况，但有了政府的产业激励政策后，同样的补贴支出，如果用在企业的产出补贴上比用在企业的投入补贴上，更能导致不成熟的新产业过度扩大生产规模。

就地方政府的产业惩罚政策来说，政府对旧产业进行征税，或者对旧产业的征税税率提高，都能促使企业对新产业的生产投入和产出的增加，而且还促使企业对新产业的研发、开拓上的投入增加。而政府对新产业的征税效果要看情况而定，如果政府对新产业产生盈利后进行征税，这种征税有可能抑制企业在新产业上的投入和产出，也有可能促使企业在新产业上的投入和产出增加，取决于新产业的市场结构状况。如果新产业的产品市场竞争很激烈、人们对新产业产品的偏好很弱、新产业发展所需付出的成本很高、政府对新产业的单位补贴很高，有可能政府对新产业的利润征税导致企业增加对新产业的投入和产出。不过大多情况下政府对新产业的利润征税会抑制企业在新产业上的投入和产出。不过，如果政府直接对新产业的产出征税，则一定导致企业在新产业上的投入和产出减少。

第五章　地方政府在产业政策
制定中的行为分析

前面的分析表明，地方政府的产业政策会改变企业参与产业转型升级中的有些行为，因此，地方政府实行什么样的产业政策，就可能一定程度上决定着产业转型升级的效果。在本章中，我们专门分析我国地方政府产业政策制定中的行为特点，以期发现其在我国产业转型效果中所起的作用。

第一节　我国地方政府产业政策制定的经济机制

我国改革开放以来，包括中央政府下放财权、事权的财政体制改革在内的一系列经济体制改革，实现了各级政府之间在经济上一定程度的分权，这一方面让地方政府拥有了地方经济发展的相对支配权，调动了地方政府经济工作的积极性，一定程度上也克服了中央政府因信息不对称对地方经济干预给地方经济效益带来的扭曲（当然，地方政府也会承担自身决策所产生的经济后果，比如地方政府的财政收入和地方官员的经济收入将会随地方经济发展程度而变动，地方官员的政绩也受其自身决策效果的影响）；另一方面，在我国的政治治理上，上级政府尤其中央政府继续保持着对地方官员的任命权，并通过政绩考核和官员晋升来激励下级政府及其官员按上级政府的意愿行事，这样一来，在上级政府对地方官员的政绩考核中，经济上的分权又会固化并加剧了考核者与被考核者之间的信息不对称，以致上级政府通常不得不采用各种更完善和更具体细致的指标来考核地方政府及其官员的政绩。但尽管如此，这种政绩考核上的信息不对称仍难以克服，导致上、下级政府之间在执行各种任务上其实是一种委托—

代理机制在发挥作用，在委托—代理机制下，下级政府及其官员总能利用自身的信息优势和对地方经济发展的影响力谋取自身利益，还会在不同任务之间权衡自己的行为选择，以追求自身利益的最大化。我们就分析这种社会治理背景下的地方产业政策和产业转型升级效果。

对地方政府及其官员来说，其自身利益的追求主要有两个方面：一是政绩或者官员的晋升；二是地方政府的财政收入和地方官员的经济收益。在我国的转型体制背景下，这两方面通常也通过各种途径形成正向依存的关系。比如一个地方经济越发达，其地方政府和官员干涉的经济项目就会越多，地方财政收入和官员的经济收入也会越高；其地方政府和官员为上级政府分担负担的能力也更强，也就越能受到上级政府的赏识，进而晋升的可能性就越大；一旦晋升，其收入又会进一步提高，等等。这种正向依存关系产生的关键原因之一是我们社会体制处在不完善的转型过程中，而更关键的是上、下级政府之间所存在的委托—代理机制和与这一机制相伴随的每一级政府对自身利益的追求。这种关系的存在使得地方政府及其官员在工作中更愿意把政绩和自身经济利益两者结合起来决定自己的行为。结果我国的转型体制背景和政府的经济、政治治理机制共同决定着我国地方产业政策的制定过程。

一　产业转型升级对地方政府利益的影响

一个地方的产业转型升级和其经济发展这两个方面之间是有着一致性的，产业转型升级会让一个地方经济竞争实力更强，经济结构更健康，从而更有前途。但当每届地方政府及其官员追求自身政治和经济利益时，一个地方的产业转型升级过程对地方政府及其官员利益的影响会不同于地方经济发展对地方政府及其官员利益的影响，从而地方经济的转型升级和地方经济发展之间就不一定一致。因为经济的转型升级过程涉及转型升级成功的可能性问题、付出的经济成本大小问题、时间成本问题、对地方经济社会的冲击和社会稳定性问题、地方政府和官员之间的竞争问题。如果转型升级成功了，既让地方经济发展了，又让地方政府及其官员的利益得到满足，如果转型不能成功，地方政府及其官员的利益可能就会因产业转型升级受到不利影响，所以地方政府及其官员就会顾及这些问题，在考虑是否进行产业转型升级和如何转型升级上，会权衡产业转型升级对地方政府及其官员的利益影响的两面性。

在产业转型升级过程中促进地方政府利益方面：其一，通过产业转型升级过程，让本地区处在经营困境的那些企业开辟新的发展方向和市场，避免这些企业慢慢走向倒闭，也避免当地这些企业资本撤出和流向外地，从而稳住地方的经济规模，维护和培育地方财政收入和地方就业的根基，还能通过这种地方经济社会的稳定性，为地方政府及其官员积累政绩。其二，通过产业转型升级过程，地方政府可以获得上级政府一些新的政策支持，利用这些新的政策，可以把地方的一些既有资源转化为地方政府手中控制的经济资源，让这些以前不能或不允许利用的资源为地方政府带来新的经济收益，这些给地方政府带来经济收益的内容主要包括地方廉价的土地资源、新项目的上马、新工程的开工等。通常地方政府由于对地方的经济资源有较大的控制能力，所以总会在自己手中通过各种途径储备一些地方廉价的土地资源，以及控制一些工程和项目的审批权，有时出于上级政策对地方政府行为的限制，这些控制在地方政府手中的资源和权力不能变成经济收益。如果利用产业转型升级的契机可以得到上级政策的放宽甚至支持，地方政府就会把这些地方土地资源和项目、工程结合起来运作，吸引别的社会资金流入，让土地大幅度增值，让这些工程、项目拉动地方一些企业的产出，地方政府从中获取大量的财政收益。其三，在产业转型升级过程中，地方政府能够通过与外地企业的合作、引进外地先进技术等途径，建立与外地企业的经济交易，扩大本地企业在区域甚至全国市场中的经济交易规模，还能够通过这些途径引进外部资金对当地产业的投入，扩大当地的投资规模和经济规模。其四，通过产业转型升级过程，地方政府及其官员有了更多可干预的企业和企业经营项目，政府和官员的干预行为总是和各种类型的权力租金相伴随的，尤其地方主要执政官员从中能获取丰厚的租金，包括建立自己执政的形象工程项目、培育自身的社会地位和声誉、形成自己的人脉关系网络等。其五，通过执行上级政府要求的产业转型升级，能够得到上级政府的特殊财政补贴或财政支持，增加地方财政收益。其六，通过执行上级政府要求的产业转型升级，体现对上级政府意愿的忠诚，尤其在产业转型升级出现突出效果时，更能增加上级政府的政绩，从而得到上级政府的赏识，在上级政府对自身的考核中，能为自身加分。所有这些促进地方政府利益的途径和机制，都会激励地方政府及其官员对产业转型升级的兴趣和积极性。

在产业转型升级抑制地方政府利益的方面：其一，产业转型升级的过程并不能给地方政府带来现期的财政收入，通常还都需要地方政府现期拿出配套的财政资金补贴，这直接增加地方政府现期的财政负担，尤其对于有些处于财政困境中的地方政府，更是雪上加霜，如果这种负担过重，有可能使地方政府失去别的方面有利的发展机会。其二，对于财政紧张的地方政府来说，在产业转型升级上的大量补贴会让地方政府的执政者和工作人员财政工资收入难以上升甚至减少。其三，如果对地方的支柱产业实行转型升级，对地方的经济结构、市场结构、就业和各方面的经济联系都会形成强大的冲击，有可能引起地方经济、社会问题的集中爆发，直接增加地方政府的管理困难。其四，产业转型升级过程中，地方政府与企业之间也存在信息不对称问题，有可能地方政府投入了大量财力和时间，企业却并非真正实现产业转型升级，只是想以产业转型升级的名义从地方政府获取资金、土地、市场等好处而已。其五，产业转型升级都是需要经过一定的时间才能见效果的较漫长过程，一届政府在产业转型升级上的大量付出如果不能在本届政府执政期间给地方经济带来成效，或者不能带来足够的成效，地方政府及其官员就不能用事实来为自身的努力付出和执政能力佐证和争取政绩，如果下一届政府的主要执政人员发生变更并提出新的执政理念，上、下届政府之间的行为不连续性还会给地方产业转型升级带来更多困难，而且一旦这种情况出现，人们就会把问题归罪于过去的执政者，这样的机制会导致每届政府及其官员在产业转型升级上的努力和付出，总有一部分难以形成其政绩。当然，上级政府也会考虑到两者之间的关系，往往在产业转型升级过程中，地方政府执行了哪些措施来评判其政绩，但这种不看后果的评判方式又带有极大的主观性，很容易忽略地方政府在产业转型升级上所做的真正努力和付出。其六，在执行上级政府所要求的产业转型升级内容上，如果上级政府与地方政府之间的信息不对称，这样的产业转型升级不一定适合地方经济的需要，结果地方政府即使付出了也难以见成效，也就难以形成政绩，而如果不执行上级政府要求，在各地政府之间的对比中会产生反差效应，直接影响自身政绩，从而构成地方政府的沉重负担。这些对地方政府利益的抑制因素和途径，会迫使地方政府权衡自己在产业转型升级上采取怎样的行为更值得。

二　地方政府产业政策干预方式

地方政府根据产业转型升级过程中自己的付出和收益特点来权衡自己的干预行为，包括干预的方向、干预的程度、产业转型升级效果的追求上都会采取策略性行为，以追求自身利益的最大化。

(一) 干预的方向

地方政府可以采取"选择性"的产业政策或者"功能性"的产业政策。

地方政府在用产业政策干预所辖区内的企业行为时,可以选择某些企业进行干预,也可以对所有企业进行干预,我们这里分别称为"选择性"产业政策和"功能性"产业政策。两类产业政策的各自特征如下:

在"选择性"产业政策的干预下,地方政府针对本地区特定的企业或行业提供排他性的激励,以引导这些被选定的行业和企业率先投入产业转型升级。这样的产业政策干预的好处在于:第一,地方政府可以帮助某些被选定的产业和企业在产业转型升级上形成竞争壁垒,减少这些行业和企业行为上的外在不利干扰。对地方政府来说,也能够集中有限的精力形成地方产业转型升级的产业典范和企业典范,一是通过这些典范能为地方政府形成政绩标志;二是一旦这些行业和企业典范在产业转型升级上有了突破和进展,就给别的行业和企业提供了跟随模仿的方向和转型途径,自动吸引更多的行业和企业投入到产业转型升级中来,起到以点带面,用较少的政府投入争取较大的带动效应,节省政府的经济成本付出。第二,选择性的产业政策由于缩小了地方政府的注意力范围,能够加强地方政府对所干预的行业和企业的信息拥有量,然后采取更有效的辅助措施加速产业转型升级的进程,有助于缩短政府产业政策实施到政策见到成效的时间,也就有助于地方政府更快地取得政绩和经济收益。第三,在选择性产业政策干预下,地方政府和官员能够利用行业或企业之间排队竞争,以及利用与某些企业之间的互惠关系,更容易地在选择行业和企业时为自己寻租,实现自身任期内的短期利益追求。不过这类产业政策干预对地方政府及其官员的不利方面也不少,一是容易形成地方政府对那些被选定的行业和企业的人为保护,导致这些行业和企业的创新力、竞争力不强,产业转型升级的效果不理想;二是这种政府的排他性支持会带来市场上不平等竞争,压制别的企业和行业在产业转型升级上的创新力和积极性;三是一旦政府产业政策不能见成效或失败,就让地方经济一时找不到新的出路,陷入较长时间的低迷中。

在"功能性"产业政策的干预下,地方政府针对产业转型升级方面市场经济机制的缺陷,根据弥补地方市场缺陷的原理来决定政府的干预内容和出台相应的产业政策,并向所有的行业和企业提供非排他性的激励,以引导有条件的行业和企业率先投入产业转型升级。通常政府注重为所有的产业和企业提供一个参与产业转型升级的公平、有效竞争的平台，通过一定的政府投入和激励标准鼓励行业和企业根据自身条件选择性地、积极地投入产业转型升级中。这类的产业政策干预的好处在于：第一，能够鼓励企业之间的竞争，通过竞争和企业的自愿选择，筛选出那些有能力、也有自身意愿的行业和企业投入到产业转型升级，调动微观主体在产业研究和创新中的积极性和主动性，也就更能探索出增强地方经济竞争力的产业发展出路，一旦成功，将会使地方经济持续发展，为地方政府及其官员带来持续的经济收益和政绩。第二，功能性产业政策干预允许多元化，这样可以让不同行业和企业根据自身情况选择自身经营出路，对地方经济来说，一些产业转型升级的尝试失败了，另一些行业和企业的探索和尝试继续进行，有可能取得成功。这种多元化还能让不同的行业和企业之间通过市场上的自由交易建立互惠联系。这些都有利于形成产业转型升级的市场环境支撑，还有利于稳定地方经济和就业，避免大的波动和地方社会问题激化，从而也就更能避免大的不利情况出现对地方政府及其官员政绩造成损害。第三，这类产业政策由于给产业转型升级留下更大的自由选择空间，可尽量避免因地方政府直接干预行业或企业行为时，因政府与企业或行业之间的信息不对称产生的政府决策错误给经济带来的危害，也就更能避免因决策失误对地方政府和官员的问责和惩罚。当然，其不利方面也不少，一是实施这类产业政策，地方政府需要更大的财政投入，而且这些投入能否取得成效政府更没有把握，因而对地方政府及其官员来说风险更大；二是从产业政策实施到产业政策产生成效的时间周期一般较长，很可能超出本届地方政府及其官员的任期限制；三是不能建立有代表性和影响力的政绩工程标志来为自身在政绩竞争中获得突出性差异；四是地方政府官员也难以利用产业转型升级项目培育和获取各种短期的租金收益。

对地方政府来说，总会根据各方面的利益权衡来决定是采取"选择性"产业政策还是"功能性"产业政策。不同的地方政府，权衡的方面不一样，但有些是它们都会考虑的共同内容，这些共同的权衡内容主要包括地方政府的财力、上级政府的产业政策要求、转型升级产业的技术特点、产业转型升级成功的可能性、对地方经济稳定性的影响等几个方面。

一般来说，如果地方政府的财力有限，或者出于财政困境，在执行产业转型升级任务上更倾向于选择性的产业政策，这样可以既节省财力，又在执行任务上有所作为。反之，如果地方政府的财政实力强，地方政府会倾向于功能性的产业政策，这样既激励地方行业和企业积极投入到产业转型升级，为地方经济培育更强的竞争力和发展后劲，又保持地方经济的多样化平稳发展。

如果上级政策对产业转型升级有详细的指标要求和过程要求，地方政府会更倾向于选择性的产业政策，因为这样的话地方政府可以直接干预那些被选择的行业和企业参与产业转型的内容和程度，按期完成上级政府的指标要求。不然的话，地方政府不能控制产业转型的过程和任务数量，就可能到期完不成任务，在政绩竞争中成为落后典型。反之，如果上级政府只有灵活性的指标要求，或指导性的政策规定，地方政府更倾向于功能性的产业政策，这样地方政府可以保证地方经济的稳定和改善地方经济运行，而又不必担心产业政策的快速见效。

在产业转型升级的技术特点上，对于那些产业转型升级过程中，企业之间正外部性强的产业，地方政府更倾向于功能性产业政策干预，因为可以让更多的企业有机会参与产业转型升级的研究，参与的企业数量越多，企业行为之间产生的正外部性帮助就会越大，产业转型升级的进程就会变快，成功的可能性也更高。对于那些与以往产业没有技术关联，完全依靠重新开创新基础的产业转型升级，地方政府也更倾向于功能性产业政策干预，因为这样的产业转型更需要广泛的市场激励来调动更多企业的创新能力和集中社会各方面的智慧。相反，对于那些企业之间正外部性小的产业转型升级，政府更倾向于用选择性产业政策提供帮助，这样可以增强对参与产业转型升级研究的行业和企业的支持力度。对于那些与以往产业有技术关联的产业转型升级，地方政府也愿意用选择性产业政策提供帮助，因为这种产业转型有以往的技术基础和人才基础，容易形成成功的行业典型和企业典型，而且典型一旦形成，别的行业和企业跟随模仿也较容易。

在产业转型升级成功的可能性上，成功可能性越高，地方政府越倾向于用选择性产业政策干预，原因是容易形成成功的典型，也通过政府集中精力对选定行业和企业的支持，缩短其间的进程。反之，地方政府更倾向于功能性产业政策干预。一般来说，如果是承接国外产业或引进国外先进技术的产业转型升级，成功的可能性更高些，因为有国外既有的产业模式，产业技术上的示范。如果是与本地已有产业关联性强的产业转型升级，成功的可能性也要高些，因为人们可以根据既有产业的技术基础和人才基础进一步开拓研究，而且人们对既有技术存在的问题、可能的开拓方向等方面都深有体会。

在考虑产业转型升级对地方经济稳定性的影响上，如果对地方经济的稳定性影响不大，地方政府更倾向于选择性产业政策干预，因为如果被选择的行业和企业最终参与产业转型升级成功，就能为地方政府及其官员建立政绩标志，如果最终不成功，也不会给地方经济运行带来大的问题，也就不会影响地方政府及其官员的政绩。反之，对地方经济稳定性影响大的产业转型升级，地方政府更倾向于功能性产业政策干预，一方面通过行业和企业的多样化经营保持地方经济的稳定，还可通过较大范围的产业政策帮助，维持地方经济的平稳；另外，在保持地方经济稳定的前提下，能激励有条件的企业参与产业转型升级的研究、开拓，调动多方的积极性。一般来说，在一个地方已形成支柱性的产业的那些行业对一个地方的经济稳定性影响比较大，而且在当地参与这样的行业企业数量也多，实行功能性产业政策时，有参与产业转型升级自身条件的企业数量也会更多一些，在新产业研发、开拓上取得成功的概率也会高一些，所以具备功能性产业政策的较好条件。另一种是在一个地方已形成产业集聚区的行业和产业集群，对一个地方的经济稳定性影响也较大，而且参与产业集群的企业数量也较多，也具备功能性产业政策的较好条件。值得一提的是，在一个地方吸纳了当地大量就业劳动力的行业，在当地的社会影响力较大，但不一定经济影响力很大，如果该行业在当地经济产值中所占比例大，则其对当地经济影响力就较大，地方政府会更倾向于功能性产业政策；如果该行业在当地经济总产值中所占比例不大，对当地经济影响力就不大，地方政府会更倾向于选择性产业政策。

当然，地方政府的产业政策偏好是根据上述各方面因素综合考虑进行权衡的，在现阶段我国经济体制和政治治理体制下，地方政府优先考虑的会是地方政府的财力和上级政府的产业政策要求，因为这两方面对地方政府及其官员的经济收益和政绩影响更直接。

(二) 干预的程度

地方政府可以采取"指导性"的产业政策干预或者"强制性"的产业政策干预。

"指导性"的产业政策下，地方政府知会所有行业和企业关于政府的产业转型升级意愿，并对跟随地方政府指导意愿的行业和企业，地方政府给予经济和资源上的支持。这种政策对地方政府及其官员的有利方面在于：其一，在这种政策下，对跟随地方政府指导意愿的行业和企业，地方政府给予经济和资源支持，对不跟随地方政府意愿的行业和企业，地方政府不给予支持，但通常也不给予惩罚。另外，行业和企业参与产业转型升级的行为还比较自由灵活，这样可避免政府与它们之间的利益不吻合时导致的彼此之间的冲突，也就尽量避免这种冲突损害地方政府及其官员的政绩。其二，这类产业政策实施时的政府财政投入量相对较少，更多的是靠行业和企业自己的投入，节省地方政府的成本付出。其三，在指导性产业政策下，政策规定比较灵活，地方政府及其官员容易利用灵活的政策获取租金收益。这类产业政策对地方政府利益不利的方面在于：地方政府难以控制产业转型升级的真实效果，也难以控制转型升级的进程，甚至会出现一些行业和企业走形式主义以获得政府的支持，而最终产业转型不能有真正进展，一些行业和企业后期继续陷入经营困境中，结果政府的政策意愿贯彻效率低。

"强制性"的产业政策下，地方政府会制定一定的指标，要求参与转型升级的行业和企业执行并在一定时期内完成，这些指标的要求条件还能体现地方政府干预的强弱意愿。这类产业政策有利于地方政府利益的方面在于：其一，地方政府能够适当控制产业转型升级的程度和进程，在贯彻产业转型升级要求上确定性更强，这样，地方政府就可根据自己要达到的利益目标来控制产业转型升级的程度或进程。其二，这类政策通过一定指标直接规定参与产业转型升级的行业和企业的行为，减少产业转型升级中的形式主义，提高政府政策意愿的贯彻效率。这类产业政策不利于地方政府意愿的方面在于：一是由于对行业和企业行为的干预性强，容易引起地方政府与这些行业和企业之间的矛盾冲突，尤其在干预失败的情况下，会损害地方政府及其官员的政绩；二是要保证干预过程中有关行业和企业的运行平稳，地方政府需要付出更大的财力支持，需要在各方面政策协调上付出更大的努力，尤其在干预以后会给有关行业和企业留下很多后续问题，这些后续问题将成为政府要进一步付出财力、精力去解决的长期负担；三是在政府与企业经营之间存在信息不对称的情况下，地方政府的各种指标性要求和强制性干预不一定符合有关行业和每家企业的实际情况，必然存在干预错误和失败的可能。这会让地方政府的利益面临更大的风险。

地方政府采取哪种产业政策干预同样取决于上述各方面因素的综合权衡。一般来说，上级政府产业政策要求和地方政府的财政能力是首要考虑的两个因素。如果上级政府的产业政策要求强烈或直接规定有硬性指标，地方政府会更倾向于强制性的产业政策干预，以完成上级的指标要求；如果上级政府的政策要求不强烈，或者希望下级政府更多遵从企业意愿，地方政府就更倾向于指导性的产业政策干预。地方政府的财政资金支持能力强，地方政府会倾向于强制性的产业政策干预，因为通过充裕的财力支持，能够尽力弥合强制性产业政策干预过程导致的地方政府与被干预行业和企业之间的冲突，保证地方政府的政绩在政府干预行为中不出现损害，还让地方政府有能力解决干预给被干预行业和企业留下的后续问题；反之，地方政府财力薄弱情况下，会更倾向于指导性的产业政策干预。

（三）产业转型升级的效果追求

地方政府可以采用"激励新产业培育"的产业政策，也可以采用"激励新产业规模"的产业政策。

在"激励新产业培育"的产业政策下，地方政府主要针对产业转型升级中的研发、开拓等企业行为进行政策激励，并相应地制定行业和企业在产业研发、开拓上取得进展的各种指标，要求参与产业转型升级的行业和企业执行。这类产业政策对地方政府利益的好处在于：其一，通过产业技术的支撑、产业经营环境的营造，能帮助行业和企业稳步地推进产业转型升级，避免产业转型升级中产生不能持续经营的困境，也避免产生次生经济问题拖累地方财政和损害地方政府政绩；其二，这类产业政策有利于培养地方经济在新产业上的市场竞争力，因为一旦本地区在产业转型升级上取得技术和经营模式上的突破，就会使本地区在新产业的发展上取得领先地位，并能吸引更多的资本和企业向本地区集聚，增强地方经济的实力和地方政府的经济收益，还能给地方政府及其官员建立政绩的标志。这类产业政策的不利方面有：一是通常实施这样的产业政策激励，需要地方财政付出大量的成本投入，却不一定能快速取得成效，因为要在新产业技术、市场创新上取得突破较难，不确定性大。二是这类产业政策只能吸引那些有一定市场经营实力和经济实力的企业参与，不能吸引广泛的企业参与，因为企业从事这类行为也要耗费企业的人力和其他资源，如果这些行为占用企业资源比例较大，由于其取得成效时间较长，不确定性较大，会影响企业的现期收益，所以更多经济实力不强的企业更愿意从事能带来现期收益的经营活动。

　　在"激励新产业规模"的产业政策下，地方政府主要针对参与产业转型升级的行业和企业在新产业上的生产经营规模进行政策激励，还会制定有关新产业的生产规模、市场规模、交易规模、产业集聚程度等方面的指标进行衡量。这类产业政策对地方政府有利的方面在于：第一，能够较快形成产业转型升级的经济效果，给地方政府及其官员带来政绩，甚至还能带来地方经济收益和财政收益；第二，通过对行业和企业在新产业产出规模上的激励和扩大，能形成产业转型升级中的规模经济效果，这种规模经济的出现，反过来很可能促进一些行业和企业自发投入到新产业的上下游产业培育、新产业的进一步技术研发和新产业经营模式的创新开拓中，从而通过规模激励的产业政策和新产业规模的形成促进新产业的培育，节约地方政府对产业转型升级的补贴成本付出，还能快速取得产业政策效果。但这样的产业政策也有很大的风险：一是在新产业的技术、市场结构和环境没成熟之时，容易形成产业转型升级中的"拔苗助长"，结果新产业上的产出规模很大，但产品在经济中的应用范围有限，导致市场吸纳能力有限，或者市场吸纳能力没有持续性，如果产出上的规模经济不能形成企业对新产业研究、新产业市场培育上投资的有效增加和技术、市场开拓的有效突破，最终会让参与产业转型升级的行业和企业盈利能力很低，甚至大规模的产出只能一直靠政府的补贴才能维持，从而地方产业转型升级陷入更大的困境，给地方财政造成更大负担；二是这样的产业政策容易导致地方经济的大规模波动，如果引发地方其他问题的集中爆发，会损害地方政府及其官员的政绩。

　　一般来说，地方产业政策是更倾向于新产业的发展培育还是新产业的产出规模，主要与地方政府及其官员的执政期限、上级政府的产业政策要求、新产业发展所处的阶段和产业转型升级中的技术特征有关。从执政期限看，执政期限较短时，执政者更倾向于激励新产业产出规模的产业政策，因为这能快速建立产业政策的经济效果，实现执政期间的政绩，也能在执政期间通过大规模的立项和建设，给地方政府及其官员带来经济增长收益和经济租金。反之，如果执政期限较长，地方政府更倾向于新产业培育的产业政策，这样能稳步推进产业转型升级，避免出现经济大的波动，或者避免产业转型升级陷入后续困境，损害执政者政绩。从上级产业政策的要求方面来说，如果上级产业政策对新产业的研究投入没有细则要求，只注重产业转型在地方经济中的成果，地方政府会更倾向于新产业的产出规模激励的产业政策；如果上级产业政策对新产业的研究投入有细则要求，并注重新产业的培育效果，或不追求产业转型升级在地方经济中的成果，地方政府会更倾向于新产业培育激励的产业政策。从新产业所处发展阶段看，新产业技术和市场经营条件基本具备并能为地方经济带来增长和税收贡献时，地方政府更倾向于产出规模激励的产业政策；反之，新产业处于研发、开拓阶段，不能给地方经济带来增长和财政收益时，地方政府更倾向于新产业培育激励的产业政策。从产业转型升级中的技术特征看，规模经济对新产业研发、开拓促进作用大时，地方政府会倾向于新产业产出规模激励的产业政策；反之，规模经济对新产业研发、开拓促进作用很小，并且产业的发展程度对新产业在经济中起作用非常重要时，地方政府就会更倾向于新产业培育激励的产业政策。

第二节　地方政府行为对地方产业政策的决定

在产业转型升级问题上，由于上、下级政府之间治理上的委托—代理机制，地方政府制定的产业政策对地方经济的作用基本归纳为两个方面。一是促进地方经济增长。地方政府之所以制定这类的产业政策，是因为促进地方经济增长，将改善地方政府财政收入和地方政府官员的经济收益，而且地方经济增长了，利用经济对社会影响作用的增强还能给地方政府及其官员带来更有利的政绩，尤其在我国目前 GDP 是各地考核地方政绩的重要衡量指标之一的现实情况下，促进地方经济增长更是地方政府及官员积累政绩的应有内容。甚至为了政绩，地方政府之间更会围绕地方经济增长展开锦标赛。二是促进地方经济实现真正的产业转型升级。地方政府之所以会制定这样的产业政策，是因为真正实现产业转型升级后：其一，由于执行了上级政府或中央政府的产业政策要求，能为地方政府及其官员的政绩考核加分；其二，能让地方经济实现产业结构提升，为地方经济的健康稳定发展打下基础，避免地方经济陷入增长困境，也避免地方的经济和社会问题增多和激化，从而地方政府及其官员能避免地方的各种困境和问题的激化导致政绩受损，甚至能增加其政绩。另外，将来也能为地方政府及其官员带来更好的经济收益。

不过产业政策所发挥的这两个方面作用又是有冲突的：如果地方政府把财力和精力用到促进地方产业真正实现产业转型升级，这样做将让地方的一些产业进入淘汰过程，而新产业在短时间内一般都不容易培育起来，结果这样的行为会导致地方经济在短期内增长将很困难，更有可能的情况是要下滑。如果地方企业经营环境出现前、后时期对比的不好变化，不仅地方企业会有不满声音，地方经济运行将会增加很多摩擦，这会显著损害地方政府及其官员的政绩，更不用说地方政府及其官员的经济收益。同时，解决旧产业淘汰过程中带来的各种问题以及逐渐培育新产业的过程都需要地方政府付出很大的财力成本投入，这还将使地方政府承受更大财政经济负担，并且这些负担短期内很难获得相应的经济回报，这又直接减少地方政府及其官员的经济收益。相反，如果地方政府把财力和精力用于促进地方经济增长，这样做将继续促进地方已发展起来的地区产业或已进入生命周期晚期的产业继续增长。值得注意的是，我国经济正实现跨越式发展，国家不希望经济结构进入难以持续的地步再进行产业结构调整，所以在我国上级政府实施产业结构调整政策时，其实各个地方的旧产业都还有着一定的盈利能力，并不是已到了生存不下去的时候。在这样的产业背景下，地方政府若把地方产业政策的作用定位在促进已有产业的继续增长，确实还能让地方经济实现快速增长，这会给地方政府及其官员带来短期内的经济便利和政绩好处，尽管这样的行为会导致地方经济中需要转型升级的产业一时间不能被淘汰和真正实现转型升级。地方产业政策这两方面作用之间的相互冲突决定了地方政府必须有所取舍或权衡，而如何权衡又取决于地方政府行为背后的经济机制。

一　地方政府行为决定地方产业政策的模型分析

为分析逻辑上的简化，我们以地方政府在不同产业政策上的财政支出强度来代表地方政府在不同产业政策上的偏向性行为。其中，以 F 代表地方政府用于本地区已发展起来的产业或已进入生命周期晚期的产业继续增长上的财政投入，这些产业是需要转型升级的产业，但由于地方政府继续给予财政支持，使得这些产业一时间不被淘汰或不被彻底转型升级。地方对这些产业的财政支出通常包括为这些产业提供更好的公共设施、为这些产业继续开辟市场、为这些产业提供更好的政策服务等。在财税、金融、地方资源和地方政策方面的各种支持，F 是这各种支持的统称，$F \geq 0$。由于 x_i 是企业用于产业转型升级中研发、开拓上的投资，这种投资只是用于新产业的培育，不是用于新产业的产品生产，那么，我们就以 $s_1 x_i$ 代表地方政府用于促进本地区经济实现彻底产业转型升级的财政投入，以表示这些投入是用于产业转型升级的培育，不是用于新产业的产出增长和对经济增长的追求。这些投入同样包括地方政府对企业在新产业研发、开拓上投入进行的财政补贴、提供更好的公共设施、提供技术帮助、提供更好的政策服务等，还包括地方政府对企业这方面的行为的干预方向、干预程度、产业转型升级效果的追求等方面的策略性行为偏向。$s_1 x_i$ 也是各方面支持的统称，$s_1 x_i \geqslant 0$。以 F 代表地方政府用于对本地区已发展起来的产业或已进入生命周期晚期的产业继续增长上的各种支持的统称，以 $s_1 x_i$ 代表地方政府用于促进本地区经济实现彻底产业转型升级的各种支持的统称，其合理性在于：不管地方政府以什么方式对某一种产业政策的支持，都意味着地方政府将自己手中掌握的更多的财力和精力投向了该产业政策所支持的方面，从而这些投入就失去了用于其他方面的收益，即机会成本，所以相当于地方政府的财政支出。

由于政府对旧产业的征税为 $t \pi_0$，我们令 $m = \dfrac{F}{t \pi_0}$，$n = \dfrac{s x_i}{t \pi_0}$，则 m、n 更能反映地方政府在不同产业政策之间的行为偏向，相应地有 $m \geqslant 0$、$n \geqslant 0$。为了分析在我国经济和政治治理背景下，地方政府及其官员追求政绩和追求自身经济收益的过程如何决定地方产业政策的制定，我们建立一个地方政府及其官员把政绩和经济收益相结合的最优化选择模型。

（一）模型的假设条件说明

首先，设地方政府在 m、n 上的投入为地方政府及其官员带来的政绩评价为 w，该政绩评价由上级政府给予，评价的标准我们采取线性函数形式，即

$$w = \alpha + \mu_1 (m + \varepsilon_1) + \mu_2 (n + \varepsilon_2) \tag{5.1}$$

式（5.1）中，第一，α 为常数项，表示地方政府及其官员在经济增长和产业转型升级上都不采取积极作为时，平均也能获得的政绩。第二，μ_1、μ_2 代表上级政府给予地方政府在 m、n 上的投入行为的激励系数，这两个系数由上级政府决定，反映上级政府对地方政府在促进地方经济增长和促进地方经济实现彻底转型升级上所做出成绩的重视程度，或者说偏向程度。这里需要补充说明的是，尽管中央政府要求各地经济实现彻底的产业转型升级以实现整个经济的跨越式发展，但由于每级政府都很关心自身

的经济收益和政绩，并追求自身经济收益和政绩的最大化，所以对于中央政府要求实现彻底产业转型升级的产业政策，下级政府并非都按中央政府的要求办事，并且某一级政府追求本地区的经济增长和自身经济收益时，会要求自己管辖内的下一级政府也要注重其所辖地区内的经济增长，这样一来，在每级政府给自己的下级进行政绩评定时，通常都不会让 μ_1、μ_2 为零。第三，ε_1、ε_2 分别代表地方政府进行 m、n 投入所产生的地方经济增长和产业转型升级所具有的不确定性，这种不确定性是由产业政策实施过程中的各种外在干扰因素导致的，我们这里 $\varepsilon_1 \sim N(0,\ \sigma_1^2)$ 分布，$\varepsilon_2 \sim N(0,\ \sigma_2^2)$ 分布，且 ε_1、ε_2 之间相互独立。即经济环境中的干扰因素呈自然正态分布，并且对地方产业转型升级效果的干扰因素与对地方经济增长结果的干扰因素之间没有必然联系，是互不相关的。第四，上级政府在考核地方政府及其官员的政绩时，是以地方政府在经济增长上的效果和产业转型升级上的效果为评判标准的，这两方面的效果与地方政府在这两方面的投入 m、n 呈正向关系，那么为了直接和简化，我们就以（$m + \varepsilon_1$）和（$n + \varepsilon_2$）分别表示地方政府在经济增长上的效果和产业转型升级上的效果。

进一步式（5.1）的期望值 Ew 为：

$$Ew = \alpha + \mu_1 m + \mu_2 n \tag{5.2}$$

其次，设地方政府及其官员是风险规避类型的行为人，其效用函数设为：

$$u = -e^{-\lambda(w-c)} \tag{5.3}$$

该效用函数中，第一，e 是自然常数。第二，λ 为一常数，$\lambda = -(u''/u')$，代表地方政府及其官员的不变风险规避系数。第三，c 是地方政府在 m、n 上的付出给地方政府及其官员所带来的负担。比如，地方政府为了促进地方经济增长，会在这方面进行大量的产业政策补贴，即投入大量 m，然而，这种政府补贴可能让地方政府陷入财政困境，也可能让地方政府的工作在短期内被困在这方面的一些投入项目上，以致不能抽出资金和精力去把握别的对地方政府更有利的项目和机会，从而导致机会成本上升，等等；n 的投入也有类似的可能负担。另外，地方政府在 m、n 上的投入越大，给地方政府及其官员造成的负担会越重，所以地方政府的负担 c 是 m、n 的增函数，不仅如此，c 还是 m、n 的边际递增函数，因为在 m、n 较大时，再增加 m、n 投入将会给地方政府及其官员带来更大的负担，这和一般的成本函数具有相同的性质。那么，我们就将成本函数写成如下的形式：

$$c = \frac{1}{2}(c_1 m^2 + c_2 n^2) + \eta mn \tag{5.4}$$

式（5.4）中，c_1、c_2 分别表示 m、n 的单位变化所引起的地方政府及其官员的负担变化情况。通常地方政府的财力是有限的，地方政府及其官员的精力也是有限的，所以地方政府及其官员在 m、n 上的行为之间会有一定的相互影响，上式中的 η 为 m、n 之间的相互影响关系，即地方政府在 m 上投入的增加会影响其在 n 上投入增加的能力，并且令 $0 \le \eta \le \sqrt{mn}$。当 $\eta = 0$ 时，表示这两方面行为之间是互不影响、相互独立的；当 $\eta > 0$ 时，表示地方政府及其官员在 m 上的投入增加会导致其在 n 上的增加将给其带来更沉重的负担；当 $\eta = \sqrt{mn}$ 时，表示地方政府及其官员在 m 上的投入增加会导致其在 n 上投入的同样减少。

根据上面式（5.3）的地方政府及其官员的效用函数 u，我们可求解 u 的确定性等价 D，D 的表达式为下面的方程式：

$$D = \alpha + \mu_1 m + \mu_2 n - c(m, n) - \frac{\lambda}{2}(\mu_1^2 \sigma_1^2 + \mu_2^2 \sigma_2^2) \tag{5.5}$$

式（5.5）中，$(\alpha + \mu_1 m + \mu_2 n)$ 相当于地方政府及其官员获得的政绩收益部分的期望值，$c(m, n)$ 相当于地方政府及其官员为获得上级政府给予的政绩所付出的成本部分，$\lambda/2(\mu_1^2 \sigma_1^2 + \mu_2^2 \sigma_2^2)$ 相当于地方政府及其官员所要求的风险收益部分。该确定性等价体现了地方政府及其官员在追求自身利益时，会把自身的经济利益和政治晋升进行综合考虑，即该表达式中包含着 m、n，也包含着 μ_1、μ_2，m、n 能为地方政府及其官员带来经济收益，μ_1、μ_2 是地方政府及其官员在政治晋升上所得到的乘数。

最后，设地方政府及其官员的保留效用为 ϖ，这一保留效用是地方政府及其官员促进地方经济增长和促进地方产业转型升级行为为其带来的最低利益要求，低于这一利益要求，地方政府及其官员将不出台产业政策来促进地方经济增长和地方产业转型升级。ϖ 的高低主要的影响因素是地方政府及其官员所处的经济条件和官员级别，一般来说，当地方经济条件较差和官员级别较低时，因为地方政府及其官员的经济收入、生活水平、政治提升要求都比较低，所以这一保留效用的要求也比较低；反之，这种保留效用要求的水平就比较高些。

（二）模型的结构及其求解

对于每级地方政府来说，都要追求自身的政绩和经济利益，为了让自己所管辖范围内的下级政府及其官员的行为能给自己带来更大的政绩和经济收益，在给下级政府及其官员进行考核和评定政绩以及给予各种政策和经济支持时，也会做权衡，对于那些给自己的政绩和经济收益贡献小的下级政府及其官员，不能给予较高的政绩评价和其他方面的支持，否则别的下级政府及其官员就不会再付出更大努力来为自己创造政绩和经济收益。而对那些给自己的政绩和经济收益做出较大贡献的下级政府及其官员，应给予较高的政绩评价和其他方面的支持，否则别的下级政府及其官员也会不再付出更大努力为自己的政绩和经济收益做贡献。从这种机制上来说，每级地方政府及其官员在给自己的下级政府及其官员评定政绩和给予相关方面支持时，这种评定和支持相当于一种成本付出，在付出时需要追求其合理性，过高、过低都会影响自身的利益最大化。

基于此，我们设地方经济增长和产业转型升级给上级政府及其官员带来的政绩和经济收益总量为 W，并且 W 的大小取决于地方经济增长的结果和产业转型升级的效果，为简易化，令 $W = (m + \varepsilon_1) + (n + \varepsilon_2)$，则 W 的期望值 $EW = E[(m + \varepsilon_1) + (n + \varepsilon_2)] = m + n$。由于上级政府及其官员获得的政绩和经济收益是要靠给下级政府及其官员合理地评定政绩并合理地给予支持所取得的，所以这里把上级政府及其官员在激励下级政府及其官员时的利益追求表示为 $(EW - Ew)$，以体现 EW 与 Ew 之间的结合。那么，地方政府在产业政策制定中的行为选择模型就可表示为下面的线性规划：

$$\max\ (EW - Ew) \tag{5.6}$$

$$\text{s.t}\quad D \geqslant \varpi \quad (\text{IR}) \tag{5.7}$$

$$\max\ D \quad (\text{IC}) \tag{5.8}$$

该线性规划中，式（5.6）为目标函数，表示上级政府及其官员的利益追求；式（5.7）为下级政府及其官员的参与条件，表示下级政府及其官员积极制定产业政策的最低要求，低于这一要求，地方政府及其官员就不会通过产业政策来促进地方的经济增长和地方的产业转型升级；式（5.8）为激励相容条件，表示地方政府及其官员在制定产业政策时的最优化行为选择，也就是在促进地方经济增长和促进地方产业转型升级这两方面的权衡选择。

首先，在式（5.8）中，由 $\frac{\partial D}{\partial n}=0$ 和 $\frac{\partial D}{\partial m}=0$ 得：

$$m = \frac{\mu_1 c_2 - \eta\mu_2}{c_1 c_2 - \eta^2} \tag{5.9}$$

$$n = \frac{\mu_2 c_1 - \eta\mu_1}{c_1 c_2 - \eta^2} \tag{5.10}$$

其次，由于在最优解处，式（5.7）中的约束条件是紧的，所以将式（5.9）、式（5.10）、式（5.7）代入式（5.6）以消除 α、a_1、a_2 得：

$$\max_{\mu_1,\mu_2}\left(\frac{\mu_1 c_2 - \eta\mu_2 + \mu_2 c_1 - \eta\mu_1}{c_1 c_2 - \eta^2}\right) - \frac{\lambda}{2}(\mu_1^2\sigma_1^2 + \mu_2^2\sigma_2^2) - \frac{1}{2}c_1\left(\frac{\mu_1 c_2 - \eta\mu_2}{c_1 c_2 - \eta^2}\right)^2$$
$$- \frac{1}{2}c_2\left(\frac{\mu_2 c_1 - \eta\mu_1}{c_1 c_2 - \eta^2}\right)^2 - \eta\left(\frac{\mu_1 c_2 - \eta\mu_2}{c_1 c_2 - \eta^2}\right)\left(\frac{\mu_2 c_1 - \eta\mu_1}{c_1 c_2 - \eta^2}\right) \tag{5.11}$$

由式（5.11）求最优化得：

$$\mu_1 = \frac{c_2 - \eta + \eta\mu_2}{c_2 + \lambda\sigma_2^2\,(c_1 c_2 - \eta^2)} \tag{5.12}$$

$$\mu_2 = \frac{c_1 - \eta + \eta\mu_1}{c_1 + \lambda\sigma_1^2\,(c_1 c_2 - \eta^2)} \tag{5.13}$$

将式（5.13）代入式（5.12）得 μ_1 的最优解为：

$$\mu_1^* = \frac{1 + (c_2 - \eta)\lambda\sigma_2^2}{1 + \lambda c_2\sigma_2^2 + \lambda c_1\sigma_1^2 + \lambda^2\sigma_1^2\sigma_2^2(c_1 c_2 - \eta^2)} \tag{5.14}$$

将式（5.12）代入式（5.13）得 μ_2 的最优解为：

$$\mu_2^* = \frac{1 + (c_1 - \eta)\lambda\sigma_1^2}{1 + \lambda c_1\sigma_1^2 + \lambda c_2\sigma_2^2 + \lambda^2\sigma_1^2\sigma_2^2\,(c_1 c_2 - \eta^2)} \tag{5.15}$$

将式（5.14）、式（5.15）代入式（5.9）、式（5.10）得 m、n 的最优解为：

$$m^* = \frac{(c_2 - \eta)\,(1 + c_2\lambda\sigma_2^2)\, - \eta\,(c_1 - \eta)\,\lambda\sigma_1^2}{(c_1 c_2 - \eta^2)\,[1 + \lambda c_2\sigma_2^2 + \lambda c_1\sigma_1^2 + \lambda^2\sigma_1^2\sigma_2^2\,(c_1 c_2 - \eta^2)]} \tag{5.16}$$

$$n^* = \frac{(c_1 - \eta)\,(1 + c_1\lambda\sigma_1^2)\, - \eta\,(c_2 - \eta)\,\lambda\sigma_2^2}{(c_1 c_2 - \eta^2)\,[1 + \lambda c_2\sigma_2^2 + \lambda c_1\sigma_1^2 + \lambda^2\sigma_1^2\sigma_2^2\,(c_1 c_2 - \eta^2)]} \tag{5.17}$$

当然，如果对地方政府及其官员治理能力的影响上，m、n 之间互不影响，则有 $\eta=0$，在这种特殊情况下，根据上面的最优解，则有：

$$\mu_1^* = \frac{1 + c_2\lambda\sigma_2^2}{1 + \lambda c_2\sigma_2^2 + \lambda c_1\sigma_1^2 + \lambda^2\sigma_1^2\sigma_2^2 c_1 c_2} \tag{5.18}$$

$$\mu_2^* = \frac{1 + c_1\lambda\sigma_1^2}{1 + \lambda c_1\sigma_1^2 + \lambda c_2\sigma_2^2 + \lambda^2\sigma_1^2\sigma_2^2 c_1 c_2} \quad (5.19)$$

$$m^* = \frac{c_2\ (1 + c_2\lambda\sigma_2^2)}{c_1 c_2\ (1 + \lambda c_2\sigma_2^2 + \lambda c_1\sigma_1^2 + \lambda^2\sigma_1^2\sigma_2^2 c_1 c_2)} \quad (5.20)$$

$$n^* = \frac{c_1\ (1 + c_1\lambda\sigma_1^2)}{c_1 c_2\ [1 + \lambda c_2\sigma_2^2 + \lambda c_1\sigma_1^2 + \lambda^2\sigma_1^2\sigma_2^2\ (c_1 c_2)]} \quad (5.21)$$

式 (5.16)、式 (5.17) 代表地方政府制定产业政策时的行为选择，从这两个表达式可以看出，地方政府在促进地方经济增长和促进地方真正实现产业转型升级上的行为都取决于变量 c_1、c_2、η、σ_1^2、σ_2^2 的大小。

二 对地方政府制定产业政策行为的解释

（一）模型的结构及其求解

首先，由式 (5.9) 得：

$$\frac{\partial m}{\partial \mu_1} = \frac{c_2}{c_1 c_2 - \eta^2} > 0 \quad (5.22)$$

$$\frac{\partial m}{\partial \mu_2} = -\frac{\eta}{c_1 c_2 - \eta^2} < 0 \quad (5.23)$$

这两个不等式都不等于零，表明地方政府在产业政策的制定上会根据上级政府在某一方面的重视程度，相应地加强在有关方面的产业政策支持。不过这两个式子值的大小取决于 c_1、c_2 和 η，说明尽管地方政府根据上级政府的意愿，通过产业政策对企业进行支持，但每种产业政策支持力度的大小要视 c_1、c_2 和 η 的大小而定，并非一味地跟随上级政府的政策要求全力支持。而且式 (5.16) 还更直观地体现了地方政府并非只跟随上级政府要求，而是根据自身条件制定产业政策的行为特点，因为式 (5.16) 中的自变量全部是地方政府自身所具有的条件。

其次，在式 (5.9)、式 (5.10) 中，不管 μ_1、μ_2 取什么值，都有 m≥0、n≥0，所以一定有 $c_1 - \eta > 0$ 和 $c_2 - \eta > 0$，那么，由式 (5.16) 得

$$\frac{\partial m^*}{\partial \sigma_1^2} = -\frac{\eta\lambda(c_1 - \eta)A_2 + [\lambda c_1 + \lambda^2\sigma_2^2(c_1 c_2 - \eta^2)]B_2}{(c_1 c_2 - \eta^2)A_2^2} < 0 \quad (5.24)$$

$$\frac{\partial m^*}{\partial \sigma_2^2} = \frac{\eta^2\lambda^2\sigma_1^2(c_2 - \eta) + \eta(c_1 - \eta)\lambda^2\sigma_1^2[c_2 + \lambda\sigma_1^2(c_1 c_2 - \eta^2)]}{(c_1 c_2 - \eta^2)A_2^2} > 0$$

$$(5.25)$$

$$\frac{\partial m^*}{\partial c_1} = -\frac{\eta\lambda\sigma_1^2(c_1c_2 - \eta^2) + c_2A_2B_2 + (c_1c_2 - \eta^2)(\lambda\sigma_1^2 + c_2\lambda^2\sigma_1^2\sigma_2^2)}{(c_1c_2 - \eta^2)^2A_2^2} < 0$$

$$(5.26)$$

$$\frac{\partial m^*}{\partial c_2} = \frac{\eta(c_1 - \eta)(1 + \lambda c_1\sigma_1^2 + \lambda c_2\sigma_2^2)^2 + \eta(c_1c_2 - \eta^2)}{(c_1c_2 - \eta^2)^2A_2^2}$$

$$\lambda^3\sigma_1^2\sigma_2^2[\eta\sigma_2^2(c_2 - \eta) - \sigma_1^2(c_1 - \eta)]$$

$$(5.27)$$

$$\frac{\partial m^*}{\partial \eta} = \frac{(1 + c_1\lambda\sigma_1^2 + c_2\lambda\sigma_2^2)[\eta(c_2 - \eta) - c_2(c_1 - \eta)]}{(c_1c_2 - \eta^2)A_2^2}$$

$$A_2 + 2\eta\lambda^2\sigma_1^2\sigma_2^2(c_1c_2 - \eta^2)B_2$$

$$(5.28)$$

上式中，$A_2 = 1 + \lambda c_1\sigma_1^2 + \lambda c_2\sigma_2^2 + \lambda^2\sigma_1^2\sigma_2^2(c_1c_2 - \eta^2)$，$B_2 = (c_2 - \eta)$ $(1 + c_2\lambda\sigma_2^2) - \eta(c_1 - \eta)\lambda\sigma_1^2$。对于式（5.17）也有类似的结论。

式（5.24）、式（5.25）表示，某一产业政策的风险越大，地方政府就越会减小对这一产业政策的支持，相对地会增加对别的产业政策的支持。

式（5.26）表明，某一产业政策的实施如果对地方政府带来的负担越重，地方政府越不愿意支持这一产业政策。式（5.27）中，当 $[\eta\sigma_2^2$ $(c_2 - \eta) - \sigma_1^2(c_1 - \eta)] > 0$ 时，式（5.27）的值是正的，当 $[\eta\sigma_2^2(c_2 - \eta) - \sigma_1^2(c_1 - \eta)] < 0$ 时，式（5.27）的值是正还是负并不确定，而在 c_2 很大时，有 $[\eta\sigma_2^2(c_2 - \eta) - \sigma_1^2(c_1 - \eta)] > 0$，在 c_2 不是很大时，不一定 $[\eta\sigma_2^2(c_2 - \eta) - \sigma_1^2(c_1 - \eta)] < 0$，说明当别的产业政策给地方政府带来的负担很重时，地方政府会加强对负担轻的产业政策的支持，而当别的产业政策给地方政府带来的负担不是很重时，地方政府是否加强对负担轻的产业政策的支持是不确定的。

式（5.28）中，当 $[\eta(c_2 - \eta) - c_2(c_1 - \eta)] > 0$ 时，式（5.28）的值是正的，当 $[\eta(c_2 - \eta) - c_2(c_1 - \eta)] < 0$ 时，式（5.28）的值是正还是负是不确定的，由于 $[\eta(c_2 - \eta) - c_2(c_1 - \eta)]$ 是关于 η 的二次式，且在 η 较大和较小时，会有 $[\eta(c_2 - \eta) - c_2(c_1 - \eta)] < 0$，说明不同产业政策给地方政府施加的负担之间的相互影响程度对地方政府产业政策选择的影响是不确定的。

（二）地方政府对不同产业政策的评价

式（5.14）、式（5.15）表明，地方政府为了自身的政绩和经济利益，在对自己所辖区域内的下级政府提出产业政策要求时，也不是完全按自己的上级政府要求行使，而是考虑下级政府及其官员所处的条件来决定对自己的下级政府的产业政策要求。我们由式（5.14）得：

$$\frac{\partial \mu_1^*}{\partial \sigma_1^2} = -\frac{\lambda c_1 + \lambda^2 \sigma_2^2 (c_1 c_2 - \eta^2)}{1 + \lambda c_2 \sigma_2^2 + \lambda c_1 \sigma_1^2 + \lambda^2 \sigma_1^2 \sigma_2^2 (c_1 c_2 - \eta^2)} < 0 \qquad (5.29)$$

$$\frac{\partial \mu_1^*}{\partial \sigma_2^2} = -\frac{\lambda \eta [1 + (c_1 - \eta) \lambda \sigma_1^2]}{[1 + \lambda c_1 \sigma_1^2 + \lambda c_2 \sigma_2^2 + \lambda^2 \sigma_1^2 \sigma_2^2 (c_1 c_2 - \eta^2)]^2} < 0 \qquad (5.30)$$

式（5.29）表明，当下级政府在实施某一产业政策上的政策效果风险较大时，上级政府对该产业政策的要求也会减弱，不会强行要求下级政府将该产业政策放到比别的产业政策更重要的位置。更值得注意的是，式（5.30）的结论表明，如果地方政府存在某一产业政策的实施效果风险较大，上级政府对其他产业政策的要求也会减弱，其根本原因是地方政府面对不同风险的产业政策时会自然倾向于风险小的产业政策，上级政府一方面没必要再耗费自己的财力和精力去激励地方政府努力实施风险小的产业政策；另一方面，上级政府如果对这样的产业政策再进行偏向性激励，会鼓励地方政府走向极端，只注重一方面的产业效果，放弃其他方面的产业效果，这会损害上级政府总的利益最大化。

这一结论能一定程度上解释我国地方经济增长与地方产业转型升级之间的一些现实情况。例如，我国在没有提出节能减排、环境治理和保护的产业发展政策之前，各地方招商引资、增加地方产值成为各级地方政府增加自身经济利益和建立政绩的努力目标，一些地方政府还提出地方工业产值年增长目标作为评定政绩的硬性指标。但国家提出环境治理、资源保护的产业政策之后，由于环境治理和资源保护上的很多问题难以用准确的指标量化衡量，或难以执行和监督，使得这样的产业政策实施效果风险较大。结果在环境治理和资源保护上，一方面，上级政府对下级政府没有实现目标之类的主动指标要求，只有被动的政绩惩罚，即在发现环境治理和资源保护问题时，有关的地方政府及其官员将受政绩上的损失。不仅如此，另一方面，在有了环境治理、资源保护的产业政策之后，上级政府对地方招商引资、地方经济产值的增长等上面的指标要求也比以前有所减弱，尽管这方面的指标观察和管理很容易。

第三节　加入竞争的地方政府行为对地方产业政策的决定

由于我国政治治理上，上、下级政府之间是集权制管理，为了追求自身经济利益和政绩，上级政府在对下级政府及其官员的行为进行激励和管理时，还会利用下级政府之间的相互竞争来促进其管理效果。在这样的背景下，下级政府之间又不得不在彼此之间的相互竞争中去争取自身的竞争优势，否则就会处于政绩评定上的劣势。而对地方政府及其官员来说，若政绩评定上一旦处于劣势，失去的不仅仅是政绩上的利益，还有可能进一步失去一些有利的市场资源、政策优势以及个人发展机会，从而也就失去一些经济利益，进而会导致经济上也会处于劣势。

当地方政府及其官员之间存在相互竞争时，地方政府及其官员从事 m、n 的投入行为给其带来的利益不仅面临 m、n 投入本身所具有收益的不确定性，还要面临锦标赛失败带来收益的不确定性，这决定了地方政府及其官员在地方产业政策制定和产业政策执行过程中会采取与前面的分析有所不同的行为，我们就进一步分析这种可能的不同。

一　模型设计和求解

假设某一级政府下辖两个地方政府，分别称为地方政府 1 和地方政府 2，为了分析的方便，还假设这两个下辖地方政府具有完全对称性。对于上级政府来说，给所辖的两个下级政府及其官员进行政绩评定时将差别对待，给予业绩对比中的优胜者以较高的政绩，给予业绩对比中的劣势者以较低的政绩。不过不管两个地方政府谁在锦标赛中获胜，上级政府都需给予其中获胜的地方政府较高的政绩评价，因此上级政府总是以较高的政绩评价来悬赏两个地方政府，当地方政府在地方经济增长和产业转型升级上的付出给上级政府带来的利益分别为 m 和 n 时，上级政府给每个地方政府的悬赏政绩评价为：

$$w = \alpha + \mu_1(m + \varepsilon_1) + \mu_2(n + \varepsilon_2) \tag{5.31}$$

式（5.31）的期望值为：

$$Ew = \alpha + \mu_1 m + \mu_2 n \tag{5.32}$$

上级政府的收益为

$$W = (m + \varepsilon_1) + (n + \varepsilon_2) \tag{5.33}$$

式（5.33）的期望值为：

$$EW = m + n \tag{5.34}$$

对于地方政府来说，若设地方政府 1 在 m、n 上的投入行为面临的扰动分别为 ε_1、ε_2，地方政府 2 在 m、n 上的投入行为分别为 m'、n'，面临的扰动分别为 ε'_1、ε'_2。那么，地方政府 1 在 m、n 上的投入给其带来的收益可表示为下式：

$$w_0 = \alpha + P\mu_1(m + \varepsilon_1) + P\mu_2(n + \varepsilon_2) \tag{5.35}$$

式（5.35）中，P 代表地方政府 1 在与地方政府 2 的竞争中，其业绩对比获胜的概率。即 $P = Pr\{m + n + \varepsilon_1 + \varepsilon_2 > m' + n' + \varepsilon'_1 + \varepsilon'_2\} = Pr\{(\varepsilon_1 + \varepsilon_2) - (\varepsilon'_1 + \varepsilon'_2) > (m' + n') - (m + n)\}$。式（5.35）也表示，如果地方政府 1 在业绩对比中处于劣势，将只得到上级政府给予的固定政绩评定 α，没有奖励政绩，只有其在业绩对比中获胜，才能同时得到固定政绩评定和绩效奖励政绩评定。由式（5.35）可得

$$Ew_0 = \alpha + P\mu_1 m + P\mu_2 n \tag{5.36}$$

$$Dw_0 = P^2\mu_1^2\sigma_1^2 + P^2\mu_2^2\sigma_2^2 \tag{5.37}$$

式（5.36）是 w_0 的数学期望，式（5.37）是 w_0 的方差。

尽管有了地方政府之间的锦标赛后，地方政府 1 的收益更不确定了，但地方政府 1 从事 m、n 的投入行为所需付出的成本仍然是，而且其效用函数仍是 $u = -e^{-\lambda(w_0 - c)}$，若其保留效用仍假设不变，为 ϖ，那么，将式（5.35）和地方政府 1 的成本函数代入其效用函数可得其效用的大小，对于这一效用的大小，我们可根据该效用的特征得出其确定性，其确定性等价为：

$$D = \alpha + P\mu_1 m + P\mu_2 n - c(m, n) - \frac{\lambda}{2}(P^2\mu_1^2\sigma_1^2 + P^2\mu_2^2\sigma_2^2) \tag{5.38}$$

对于地方政府 1 来说，当然是要追求自身效用的最大化，也就是其确定性等价式（5.38）的最大化，这样，上级政府与地方政府 1 之间的合约关系就可表示为下面的规划：

$$\max_{\mu_1, \mu_2} (EW - Ew) \tag{5.39}$$

$$\text{s. t.} \quad D \geqslant \varpi \quad \text{(IR)} \tag{5.40}$$

$$\max D \quad \text{(IC)} \tag{5.41}$$

该规划中，式（5.39）是目标函数，代表上级政府的最优化目标，

式（5.40）是地方政府 1 的参与条件，式（5.41）是地方政府的激励相容条件。

为了简化计算并能揭示地方政府在产业政策上的行为特征，我们这里设定所有的地方政府都是理性预期行为人，并且每一地方政府都预期地方政府之间竞争的结果 P 是自身所不能控制的某一数值。

由式（5.41）中的 $\frac{\partial D}{\partial n} = 0$ 和 $\frac{\partial D}{\partial m} = 0$ 得

$$m = P\frac{\mu_1 c_2 - \eta\mu_2}{c_1 c_2 - \eta^2} \tag{5.42}$$

$$n = P\frac{\mu_2 c_1 - \eta\mu_1}{c_1 c_2 - \eta^2} \tag{5.43}$$

在最优解处式（5.40）的约束条件是紧的，那么把 m、n 和式（5.40）代入式（5.39）可得到无约束最优化方程式：

$$\max_{\mu_1,\mu_2}(EW - Ew) = \max_{\mu_1,\mu_2}\Big[(1 - \mu_1 + P\mu_1)m + (1 - \mu_2 + P\mu_2)n$$
$$- c(m,\ n) - \frac{1}{2}\lambda P^2(\mu_1^2\sigma_1^2 + \mu_2^2\sigma_2^2)\Big] \tag{5.44}$$

对式（5.44）求一阶最优化得

$$\mu_1 = \frac{(2 - P)\ \eta\mu_2 + c_2 - \eta}{(2 - P)\ c_2 + P\lambda\sigma_1^2\ (c_1 c_2 - \eta^2)} \tag{5.45}$$

$$\mu_2 = \frac{(2 - P)\ \eta\mu_1 + c_1 - \eta}{(2 - P)\ c_1 + P\lambda\sigma_2^2\ (c_1 c_2 - \eta^2)} \tag{5.46}$$

由式（5.45）和式（5.46）可解出上级政府对 m、n 的最优激励系数 μ_1^*、μ_2^* 为：

$$\mu_1^* = \frac{(2 - P) + (c_2 - \eta)P\lambda\sigma_2^2}{A_3} \tag{5.47}$$

$$\mu_2^* = \frac{(2 - P) + (c_1 - \eta)P\lambda\sigma_1^2}{A_3} \tag{5.48}$$

其中，$A_3 = \big[(2 - P)^2 + (2 - P)\lambda Pc_1\sigma_1^2 + (2 - P)\lambda Pc_2\sigma_2^2 + \lambda^2 P^2\sigma_1^2\sigma_2^2$ $(c_1 c_2 - \eta^2)\big]$。

将式（5.47）、式（5.48）代入式（5.42）、式（5.43）得地方政府的最优 m、n 选择，令这种最优解为 m_0^*、n_0^*，那么有：

$$m_0^* = P\frac{(2 - P)(c_2 - \eta) + (c_2 - \eta)\lambda Pc_2\sigma_2^2 - (c_1 - \eta)\lambda P\eta\sigma_1^2}{A_3(c_1 c_2 - \eta^2)} \tag{5.49}$$

$$n_0^* = P \frac{(2-P)(c_1-\eta) + (c_1-\eta)\lambda P c_1 \sigma_1^2 - (c_2-\eta)\lambda P \eta \sigma_2^2}{A_3(c_1 c_2 - \eta^2)} \tag{5.50}$$

式（5.49）、式（5.50）就代表地方政府相互竞争时的最优产业政策选择，从两个表达式可看出，m_0^*、n_0^* 的值都与 P 有关，说明在有地方政府之间竞争的情况下，地方政府的最优产业政策决定都与 P 有关。

二　对地方政府产业政策选择的解释

首先，由式（5.49）和式（5.50）的表达式可直观看出，m_0^* 和 σ_2 呈正向关系，n_0^* 和 σ_1 呈正向关系，说明地方政府仍是倾向于其收益风险较小的产业政策进行投入，这和没有地方政府竞争时的情况是一样的。

其次，我们来分析一下 P 的存在对地方政府有关 m、n 的产业政策选择上的改变。为了通过简单的计算来说明道理，我们令式（5.49）、式（5.50）中的 $\eta = 0$，那么就有：

$$m_0^* = \frac{P(2-P)c_2 + c_2\lambda P c_2 \sigma_2^2}{c_1 c_2 [(2-P)^2 + (2-P)\lambda c_2 \sigma_2^2 + (2-P)\lambda c_1 \sigma_1^2 + \lambda^2 P^2 \sigma_1^2 \sigma_2^2 (c_1 c_2)]} \tag{5.51}$$

$$n_0^* = \frac{P(2-P)c_1 + c_1\lambda P c_1 \sigma_1^2}{c_1 c_2 [(2-P)^2 + (2-P)\lambda c_2 \sigma_2^2 + (2-P)\lambda c_1 \sigma_1^2 + \lambda^2 P^2 \sigma_1^2 \sigma_2^2 (c_1 c_2)]} \tag{5.52}$$

令 $L_0 = \dfrac{m_0^*}{n_0^*}$，$L_1 = \dfrac{m^*}{n^*}$，则由式（5.20）、式（5.21）和式（5.51）、式（5.52）得：

$$L_1 = \frac{c_2(1 + c_2\lambda\sigma_2^2)}{c_1(1 + c_1\lambda\sigma_1^2)} \tag{5.53}$$

$$L_0 = \frac{P(2-P)c_2 + c_2\lambda P c_2 \sigma_2^2}{P(2-P)c_1 + c_1\lambda P c_1 \sigma_1^2} \tag{5.54}$$

L_1 表示在没有地方政府之间竞争情况下，地方产业政策在 m、n 上的投入比较，L_1 越大，表示地方产业政策更倾向于 m 上的投入，L_1 越小，表示地方产业政策更倾向于 n 上的投入。L_0 表示在有地方政府之间竞争的情况下，地方产业政策在 m、n 上的投入比较，L_0 越大，表示地方产业政策更倾向于 m 上的投入，L_0 越小，表示地方产业政策更倾向于 n 上的投入。

由式（5.54）得：

$$\frac{dL_0}{dP} = -\frac{(c_1\sigma_1 - c_2\sigma_2)\lambda c_1 c_2 P^2}{[P(2-P)c_1 + c_1\lambda Pc_1\sigma_1^2]^2} \tag{5.55}$$

其一，在式（5.55）中，当 $c_1\sigma_1 > c_2\sigma_2$ 时，就有 $dL_0/dP < 0$。这表明，当地方政府在 m 产业政策上的投入成本比 n 产业政策上的投入成本高且 m 的收益风险比 n 的收益风险更大时，如果某地方政府意识到获胜的概率上升，该地方政府会更倾向于将其资源从 m 产业政策转而投向 n 产业政策。相应地，从地方政府行为的主动性上讲，也可以解释为某地方政府为了在地方政府之间的竞争中取得较大的获胜概率，地方政府会更倾向于将其资源投向成本相对较低、风险相对较小的 n 产业政策；同样道理，当 $c_1\sigma_1 < c_2\sigma_2$ 时，地方政府会更倾向于将其资源投向 m 产业政策。即地方政府之间的竞争会加剧地方政府向成本较低和风险较小的产业政策上的倾斜。

其二，如果没有地方政府之间的竞争，则意味着 $P=1$；如果有了地方政府之间的竞争，则意味着 $P<1$。在式（5.53）和式（5.54）中，当 $P=1$ 时，有 $L_0 = L_1$，由于 $dL_0/dP < 0$，这将意味着，在式（5.53）和式（5.54）中，一旦 P 从 $P=1$ 减小为 $P<1$ 且 $c_1\sigma_1 > c_2\sigma_2$，则一定有 $L_0 > L_1$，表示 L_0 中的产业政策更向 m 倾斜。这其中的含义是，在 $c_1\sigma_1 > c_2\sigma_2$ 的条件下（地方政府在 m 上的投入成本较高和风险较大），由于地方政府之间竞争的存在，加大了地方政府每种产业政策收益的不确定性，如果地方政府认为在竞争中获胜的可能性没有增加，为了争取在竞争中获胜的可能性，地方政府会朝高风险、高成本的产业政策去冒险。即有了地方政府之间的竞争后，会促进地方政府的冒险性行为。

当然，如果 $\eta \neq 0$，上述结论仍成立，这可通过同样的计算过程来得到解释，只是其中的各式中的 $\eta \neq 0$ 而已，我们这里不再重复复杂的计算过程。

第四节　本章小结

在我国目前的经济和政治治理制度背景下，地方政府的产业政策选择是受地方政府及其官员的自身利益约束的，这就使得地方产业政策不一定完全符合中央政府的产业转型升级政策要求。

　　本章的分析认为，首先，地方政府的产业政策会跟随上级政府的产业政策方向，即上级政府强调什么样的产业发展方向，地方政府就会跟着这一发展方向行事，这可以从式（5.22）、式（5.23）看得出来，但在沿着上级政府所强调的产业发展方向的过程中，地方政府在该产业发展上的努力程度并不按上级政府的要求行事，而是按地方政府所处的环境条件和最大化的地方政府及其官员的自身利益决定，这可以从式（5.22）、式（5.23）的值的大小取决于 c_1、c_2 和 η 的大小而反映出来。其次，地方政府在把自己控制的资源通过产业政策来支持企业参与产业转型升级时，如果这种支持给地方政府及其官员带来收益的风险越大，地方产业政策会越减轻这种支持的力度，而转向那些收益风险更小的产业转型升级内容和相关的企业。同时，地方政府的上级政府也有同样的行为特征，即在对下级政府的产业政策进行要求和考核时，对那些收益风险大的产业政策给予较小的考核激励，对那些收益风险较小的产业政策给予相对较重的考核激励。最后，在有地方政府锦标赛机制下，地方政府在获胜可能性大时，会倾向于收益风险小且成本低的产业政策，以求更稳定地获取自身利益。而在获胜可能性小时，地方政府会倾向于收益风险大且成本较大的产业政策，即更具有冒险性。

第六章 地方政府产业政策与产业转型效果的推论

在产业转型升级过程中，企业对新产业的投资有两方面：新产业的技术研发、市场培育、市场开拓和新产业的产品生产成本。从总量上说，两方面投资的多少决定着企业的经营内容向新产业转型升级到何种程度。从整个行业看，这两方面投资的多少也代表着整个旧产业向新产业转型升级进展到什么程度。所以我们就以这两方面投资情况来代表产业转型升级效果。不过从投资结构上讲，企业在第一方面的投资即在新产业的技术研发、市场培育、市场开拓上的总投资量大概反映着新产业的技术和经营环境的成熟程度，而在第二方面投资即在新产业产品生产成本上的投资量则代表着新产业的产出规模和在经济中的应用规模。由于新产业技术和市场很成熟时，其产出和在经济中的应用可以很大，也可以很小；新产业的技术和市场不是很成熟时，其产出和在经济中的应用仍可以很大或很小。只不过新产业技术和市场不成熟时，其产品的生产和应用成本会相对较高一些，且在经济中应用时的使用价值更低一些，从而在经济中产生的效用会较低。相反，新产业技术和市场较成熟时，其产品的生产和应用成本会相对低一些，且在经济中应用时的使用价值更高一些，从而在经济中产生的效用会较高。所以我们还要以这两方面投资的不同组合来说明产业转型升级的不同效果。在我国每次实施产业转型升级时，究竟这两方面投资有什么样的组合和产业转型升级效果，取决于当时的经济社会背景下企业的利益约束和地方政府的利益约束所形成的企业行为和地方产业政策。本章通过对前面几种分析进行对比，来解释我国企业通常的行为选择和地方政府产业政策选择和由这种选择所决定的产业转型效果。

第一节　有无地方政府产业政策干预的
产业转型升级效果比较

一　产业补贴政策对产业转型升级的影响分析

首先，企业在新产业产出规模上的投入是与其生产成本和市场中的竞争程度有关的。在生产成本方面，在收益一定的情况下，成本越低，企业生产规模越大。不过这种生产成本的高低又是与新产业整个行业上的研发、开拓投入成比例的，研发、开拓上的投入越多，新产业的成本越低。在市场竞争程度方面，企业在新产业上的产出规模越大，由于所有企业之间的对称一致性，在新产业的产品市场上，企业之间的竞争也会增强，竞争的增强又会制约甚至减少企业的收益从而减少企业的生产规模。但在新产业的发展期，经济对新产业的需求是增加的，所以企业之间的竞争增强并不会引起其收益的减少，所以就两方面总的结果来说，只要新产业的生产成本降低，新产业的产出规模就会增加。

其次，由于企业之间在新产业的研发、开拓上存在正外部性，如果新产业的生产规模增加，企业也会增加对新产业的研发、开拓上的投入。这是因为，每家企业是根据其生产经营中的总收益和总成本的比较来决定其经营规模的，当生产规模扩大时，如果其能让单位生产的成本降得更低，企业就可获得更多利润，所以企业就有动力增加新产业的研发、开拓上的投入，以降低生产成本。当每家企业增加对新产业的研发、开拓上的投入时，由于企业之间外部性增强，又会进一步促进企业对新产业的研发、开拓投入。所以总的结果会是新产业的生产规模扩大，新产业的研发和开拓投入也会增加。

最后，如果政府实施针对新产业研发、开拓上的补贴政策，会使企业在这方面的单位投资给其带来的收益更多，企业的最优化选择就是增加对新产业的研发、开拓上的投资；如果政府实施针对新产业产出规模的补贴政策，会使企业同样的生产规模能获得更多的收益，企业利润最大化选择也会导致企业扩大生产规模。

另外，当旧产业的资本收益率还不是很低时，政府对新产业的补贴政策在促进新产业发展上的作用会小一些，反之会大一些。这是因为，如果旧产业的单位资本收益率还不是很低的话，政府对新产业的单位资本补贴必须较大，才能吸引企业投身到新产业的发展中。当企业之间的正外部性较大时，政府对新产业的补贴政策会促进新产业的产出更快增长，但不一定会促进新产业的研发投入更快增长。原因是政府的产业补贴政策会增加企业对新产业的投入，这种投入的增加进一步增加企业之间的正外部性，降低新产业的生产成本，所以会促进新产业的产出更快增长。但由于企业之间的正外部性增加，企业会利用这一正外部性节约自身在研发、开拓上的成本支出，所以新产业的研发、开拓投入不一定会更快增长。

于是我们有下面的推论：

推论一：政府的产出补贴政策在促进新产业的产出增长的同时，还会促进新产业的研发、开拓上的进展；政府的研发补贴政策在促进新产业的研发、开拓进展的同时，还会促进新产业的产出增长；旧产业的收益率会对这种促进作用起减缓作用，新产业中的正外部性会对产出补贴政策起促进作用，对投入补贴政策不一定起促进作用。

证明：首先，在前面的式（3.11）、式（3.13）中分别有：

$$x_i^* = \frac{2(2-\beta)(a-C)}{9b\gamma(1+\theta\pi_0)-2(2-\beta)(1+\beta)}$$

$$q_i^* = \frac{3\gamma(1+\theta\pi_0)(a-C)}{9b\gamma(1+\theta\pi_0)-2(2-\beta)(1+\beta)}$$

在式（4.11）、式（4.13）中分别有：

$$x_i^* = \frac{2(1-t_2)(2-\beta)(a-C)+2(2-\beta)s_2+9bs_1}{9b\gamma(1-t_1)\theta\pi_0+9b\gamma(1-t_2)-2(1-t_2)(2-\beta)(1+\beta)}$$

$$q_i^* = \frac{1}{3b}\cdot\frac{9b\gamma(1-t_1)\theta\pi_0(a-C)+9b\gamma(1-t_2)}{(a-C)+2(1+\beta)(2-\beta)s_2+(1+\beta)9bs_1}{9b\gamma(1-t_1)\theta\pi_0+9b\gamma(1-t_2)-2(1-t_2)(2-\beta)(1+\beta)}+$$

$$\frac{1}{3b}\cdot\frac{s_2}{1-t_2}$$

如果 s_1、$s_2 = 0$，t_1、$t_2 = 0$，则式（4.11）、式（4.13）的值与式（3.11）、式（3.13）的值分别对应相等。又由于式（4.27）至式（4.30）表明，$\partial x_i^*/\partial s_1 > 0$、$\partial x_i^*/\partial s_2 > 0$、$\partial q_i^*/\partial s_1 > 0$、$\partial q_i^*/\partial s_2 > 0$，因此，若不考虑 t_1、t_2 的影响，当 s_1、s_2 从零增加到大于零时，式（4.11）和式（4.13）的值将大于式（3.11）和式（3.13）的相应值。说明政府的补贴政策对新产业的产出和研发、市场开拓都有促进作用。

其次，由式（4.27）至式（4.30）进一步求解出 $\partial^2 x_i^* / \partial s_1 \partial \theta < 0$、$\partial^2 x_i^* / \partial s_2 \partial \theta < 0$、$\partial^2 q_i^* / \partial s_1 \partial \theta < 0$、$\partial^2 q_i^* / \partial s_2 \partial \theta < 0$，说明旧产业收益率较高会减弱产业补贴政策对新产业的促进作用。还可进一步求解出 $\partial^2 q_i^* / \partial s_1 \partial \beta > 0$、$\partial^2 q_i^* / \partial s_2 \partial \beta > 0$、$\partial^2 x_i^* / \partial s_1 \partial \beta < 0$、$\partial^2 x_i^* / \partial s_2 \partial \beta < 0$，说明新产业的正外部性增强会加强补贴政策对产出的促进作用，会减弱补贴政策对研发、开拓的促进作用。证明完毕。

该推论说明，有了政府产业补贴政策与没有政府产业补贴政策相比，政府的产业补贴政策一定程度上能促进新产业的培育和规模发展，但这种促进作用要受企业之间正外部性、旧产业所处的状况等条件制约，因此，只有根据相应的制约条件来实施合适的产业补贴政策才能产生有利的效果。否则不是事倍功半，就是新产业畸形发展。

二 新产业不同特点与产业补贴政策的影响效果

政府对新产业的产出进行补贴能既促进新产业的产出又促进新产业的研发和开拓，对新产业的研发和开拓进行补贴也能既促进新产业的产出又促进新产业的研发和开拓，但两种补贴的作用程度与新产业本身的特点、所处的发展阶段和市场环境有关。

首先，在新产业处于初始阶段，由于参与的企业数量相对较少，企业之间技术模仿还不容易，所以新产业的产品市场竞争较弱，企业在产品市场上增加产出获得的单位产出收益也会相对较高，结果产出补贴政策更能激励企业增加新产业上的产出规模。但这时由于新产业产品还不是很成熟，政府的产出补贴政策会让企业在增加新产业产出上有更大冲动的同时，而为了增加产出上的规模，企业也会自动加强新产业产品的技术研发和市场开拓。所以这阶段的产出补贴政策在激励新产业产出效果更大，在激励新产业研发和开拓上是次生的作用。而在新产业进入较成熟期时，新产业的技术都容易被大多数企业所破获和模仿，新产业的参与企业数也较多，产品市场上的竞争就强一些，这时企业增加新产业的产出给其带来的单位资本收益受到市场竞争的限制，不会维持很高，或者说产出增加使得产品价格下降幅度更大，结果政府的产出补贴政策在激励新产业产出上的效果就会变小。而研发补贴政策在激励新产业的研发和开拓上的效果会更大，因为这阶段的企业更希望以产品和市场的创新所产生的市场势力来获取高收益和市场竞争中的份额。这可能和我们通常所认为的新产业初期应该更倾向于研发补贴，新产业的成熟期应该更倾向于市场规模的产出补贴，情况有所不同，原因是我们这里是从整个新产业的发展效果上来分析问题，追求新产业的产出规模应该与其成熟程度相适应。而通常我们所认为的新产业初期应该更倾向于研发补贴，新产业的成熟期应该更倾向于市场规模的产出补贴，是从新产业的每一阶段追求某一方面效果上来分析问题。于是我们有下面的推论。

推论二：有了政府产业补贴政策后，如果是在新产业的初期阶段，或者技术差异性较强的新产业，或者产品市场竞争不强的新产业，则"针对新产业的产出"的补贴政策对激励产业转型升级的总效果更强；如果是在新产业的较成熟期，或者产业技术和市场较容易学习和模仿的新产业，或者产品市场竞争较强的新产业，则政府"针对新产业的研发、开拓上"的补贴政策对产业的转型升级激励的总效果更强。

证明：首先，从式（4.27）、式（4.28）可看出，当 b、β 较大时，$9b > 2(2 - \beta)$ 的可能性就较大，从而 $\partial x_i^* / \partial s_1 > \partial x_i^* / \partial s_2$ 的可能性就较大。其次，从式（4.29）、式（4.30）可看出，当 b、β 较大时，$\partial q_i^* / \partial s_1 > \partial q_i^* / \partial s_2$ 的可能性也越大。而 b 表示产品市场产出增加导致产品价格下降的程度，产品市场竞争较强时，b 较大；反之较小。β 也表示新产业的技术学习和模仿的容易程度，越容易，β 越大；反之越小。证明完毕。

这一推论说明，同样的政府补贴政策支出，在不同阶段如果能对合适的内容进行补贴，这种支出的效率会更高。否则这种支出效率会较低。

其次，由于企业可以利用新产业发展中的正外部性来减少对新产业的投入，以节约自身成本支出，也可以利用这种正外部性加强对新产业的研发和开拓上的投入，以增强自身在新产业上的发展和竞争优势。而政府产业补贴政策会改变企业在新产业研发和产出上的收益或成本，从而可能改变企业利用外部性的积极性。但根据前面企业行为分析，企业是增强利用这种外部性来增加对新产业的投资还是减少对新产业的投资可能是不确定的。对此，我们有下面的推论。

推论三：与没有产业政策相比，在有政府产业补贴政策的激励下，新产业中的外部性对新产业的研发促进作用与没有政府补贴政策情况下一样，对新产业产出的促进作用则比没有政府产业补贴政策情况下要强。

证明：在没有政府产业补贴政策的情况下，β 变化对新产业研发和产出的影响分别为式（3.16）和式（3.18），在有政府产业补贴政策情况下，β 变化对新产业研发和产出的影响分别为式（4.20）和式（4.21），

如果 s_1、$s_2 = 0$，t_1、$t_2 = 0$，则式 (4.20)、式 (4.21) 的值与式 (3.16)、式 (3.18) 的值分别对应相等。此时，β 影响 x^* 的临界点为 $\beta = 2 - \sqrt{9b\gamma(1 + \theta\pi_0)/2}$，也就是说，$\beta > 2 - \sqrt{9b\gamma(1 + \theta\pi_0)/2}$ 时，$\partial x_i^*/\partial\beta < 0$；$\beta < 2 - \sqrt{9b\gamma(1 + \theta\pi_0)/2}$ 时，$\partial x_i^*/\partial\beta > 0$。而 β 影响 q^* 的临界点为 $1/2$，也就是 $\beta > 1/2$ 时，有 $\partial q_i^*/\partial\beta < 0$；$\beta < 1/2$ 时，有 $\partial q_i^*/\partial\beta > 0$。

如果 s_1、$s_2 \neq 0$ 且不考虑 t_1、t_2 的影响，此时 β 影响 x^* 的临界点仍为 $\beta = 2 - \sqrt{9b\gamma(1 + \theta\pi_0)/2}$。而 β 影响 q^* 的临界点为 $[2(a - C)(1 - 2\beta) + 2s_2(1 - 2\beta) + 9bs_1] = 0$，即 $\beta < \dfrac{1}{2} + \dfrac{9bs_1}{4(a - C) + 4s_2}$，也就是，$\beta > \dfrac{1}{2} + \dfrac{9bs_1}{4(a - C) + 4s_2}$ 时，有 $\partial q_i^*/\partial\beta < 0$；$\beta = \dfrac{1}{2} + \dfrac{9bs_1}{4(a - C) + 4s_2}$ 时，有 $\partial q_i^*/\partial\beta > 0$，其中 $\dfrac{1}{2} + \dfrac{9bs_1}{4(a - C) + 4s_2} > 1/2$。这表明，有产业补贴政策与没有产业补贴政策相比，企业在利用外部性 β 促进新产业研发上的积极性没有改变，但在利用外部性 β 促进新产业产出的积极性上有所增强。证明完毕。

这一推论说明，如果政府实行产业补贴政策，不管是研发补贴还是产出补贴，由于企业之间外部性的存在，会加强这种产业政策对新产业产出增长的作用，但不会加强这种产业政策对研发的促进作用。

最后，政府利用产出补贴政策和研发补贴政策都可以促进新产业的产出和研发，但产出补贴政策和研发补贴政策在促进新产业产出和研发上的作用效果可能有差别。原因是，同样的补贴支出，对产出进行补贴时，首先需要企业在新产业产出上产生效果，才能获得政府给予的补贴，所以这种补贴直接导致的是产出增长，在此基础上会附带引起企业在新产业研发和开拓上的投入增长。而同样的补贴支出，对新产业研发和开拓进行补贴时，首先需要企业在新产业的研发和开拓上有所进展，才能获得政府给予的补贴，所以这种补贴直接导致新产业的研发和开拓投入增长，在此基础上会附带引起新产业的产出有所增长。正因这种机制上的差别，两种补贴政策的效果会有差异。对此我们有下面的推论。

推论四：政府实行产出补贴政策会促进新产业的产出增长比新产业的研发投入增长更快；而政府实行研发补贴政策会促使新产业的研发和开拓投入增长比新产业产出增长更快。

证明：根据推论一，与没有产业补贴政策相比，政府实行产出补贴和研发补贴政策都能促使新产业的产出和研发、开拓投入的增长；然后，根据式(4.34)有：

$$\frac{\partial q_i^* / \partial s_2}{\partial x_i^* / \partial s_2} > \frac{\partial q_i^* / \partial s_1}{\partial x_i^* / \partial s_1}$$

这表明同样的产业补贴支出，产出补贴 s_2 比研发补贴 s_1 会让产出增长比投入增长更快；反过来，研发补贴 s_1 比产出补贴 s_2 会让研发和开拓投入增长比产出增长更快。证明完毕。

该推论说明，如果地方政府一直实施产出补贴政策来促进产业转型升级，有可能导致新产业的产出规模增长过快，从而超过经济对新产业的吸收能力，因为其新产业的技术和经营方式、市场模式没有得到应有的发展，不能在经济中发挥更大的经济效益。相反，如果某一地方政府一直实施研发补贴政策来促进产业转型升级，有可能导致新产业在经济中的经济效益发挥不充分，还可能导致新产业延误时机，没有发挥应有的经济作用又被新的技术所淘汰。

第二节　地方政府行为对比与产业政策选择

地方政府制定地方产业政策和执行上级产业政策时总是追求自身政治和经济利益的最大化，因此地方政府会根据本地的经济、社会条件倾向性地执行上级产业政策和制定地方产业政策。

首先，如果一个产业的发展水平或者产业发展的某些方面无法用合理的指标来准确衡量，或者上级政府没有明确详细的产业政策指标要求，地方政府在该类产业或产业发展的方面上投入资源和产业政策支持，就不一定能给地方政府及其官员带来政绩，因为地方政府的这类付出产生的效果人们不能衡量，这意味着这类付出的收益不确定性更大，那么地方政府会较少在这方面付出，或者在这些方面的投入强度较低，除非这些方面的投入能给地方政府及其官员自身带来实实在在的经济利益。我们有下面的推论。

推论五：对于那些无法用合理指标来衡量的产业转型升级内容，或者上级产业政策没有明确细致的指标要求的产业转型升级内容，并且这些产业转型升级内容不能给地方政府及其官员带来现期经济利益，则地方产业政策在这些产业转型升级内容上投入会很少，即使上级产业政策要求下级政府对其投入，下级政府也会对其投入很少。而对那些能给地方政府及其官员带来现期经济利益，以及能用明确的指标进行衡量的产业转型升级内容，地方产业政策会积极投入，而且对那些能带来现期经济利益的内容，不管上级产业政策是否有明确要求，地方产业政策都会积极投入。

证明：由于无法用合理指标来衡量的产业转型升级内容，或者上级产业政策没有明确细致的指标要求的产业转型升级内容，由于这方面的绩效评价标准模糊或绩效比分较低，对这些内容的资源投入下级政府带来的收益有着更大的相对不确定性，即 σ_2^2 更大。根据式（5.24）、式（5.25）中 $\partial m^*/\partial \sigma_1^2 < 0$，$\partial m^*/\partial \sigma_2^2 > 0$，地方产业政策会对这样的产业转型内容投入更少。又由于现期经济利益小的产业转型内容，反过来意味着现期单位经济收益所投入成本较高，根据式（5.26）中 $\partial m^*/\partial c < 0$，地方产业政策对这方面的投入也较少。证明完毕。

其次，我国上、下级政府之间对共同面临的产业转型升级问题的处理上，存在着利益同舟共济关系，也就是说，在产业转型升级问题上，某一级政府如果把所辖区域的下级政府的利益最大化行为扭曲，会导致下级政府的积极性下降，其所辖区域的产业转型升级问题以及其他问题就不能得到下级部门的积极参与和解决，所辖区的发展目标可能不能很好实现，这直接影响该级政府及其官员的政绩和经济收益，所以该级地方政府总会根据所辖下级政府的最优化行为来制定自身的最优化产业政策选择，这就意味着上、下级政府之间是一种同舟共济的利益关系。每级政府在产业政策制定和执行上级产业政策过程中都是在这种利益关系依赖中进行。由于这种利益关系依赖性，上级政府在对下级政府进行一些方面的行为要求时，会考虑到对下级政府在别的方面行为的影响，对下级政府在各方面的行为考核也会做相应的调整。对此我们有下面的推论。

推论六：对于那些无法用合理指标衡量或中央产业政策没有明确详细的指标要求的产业转型升级内容，上级政府在对自己的下级政府考核时重视程度较轻；反之，重视程度较重。同时，如果中央产业政策所要求的产业转型内容中有不详细指标要求的部分，产业政策在贯彻执行过程中，上级政府在对自己的下级政府考核时，对其他内容的重视程度也会减轻。

证明：对于那些无法用合理指标衡量或中央产业政策没有明确详细指标要求的产业转型升级内容，意味着地方政府对这些内容的资源投入收益有更大不确定性，由式(5.29)、式(5.30)得 $\partial \mu_1^* / \partial \sigma_1^2 < 0$，$\partial \mu_1^* / \partial \sigma_2^2 < 0$，其中，$\mu_1^*$ 代表上级政府对有关产业转型内容的重视程度。证明完毕。

最后，当有地方政府之间竞争时，为了利用竞争争取自身利益最大化，地方政府会根据自身在竞争中获胜的可能性调整自己的行为，还会根据投入成本和收益风险大小调整自己的行为。一般来说，如果地方政府认为自身在竞争中已处于优势，在产业转型升级过程中，其行为就会更偏向那些稳健性的产业政策，比如更愿意按上级产业政策的意愿行事，更愿意从事那些有明确细致指标要求的产业转型内容和项目。如果地方政府认为自身在竞争中已处于竞争劣势，在产业转型升级问题上，其行为会更倾向于那些冒险性的产业政策，比如更多地不按上级产业政策意愿行事，更多地从事那些没有明确详细的产业政策要求的产业转型升级内容和项目，更多地从事给自身带来现期经济利益的项目，即使这些项目有可能被上级和社会认为是不合适的。在考虑到投入的成本和收益风险时，当地方政府认为自身在竞争中处于优势时，地方政府更愿意选择那些成本较低和风险较小的产业转型升级政策。如果地方政府认为自身在竞争中处于竞争劣势，就会更多地选择那些成本较高和收益风险较大的产业转型升级政策，原因是上级政府的利益和自身利益有同舟共济的关系。对此我们有下面的推论。

推论七：在有地方政府之间相互竞争的锦标赛的机制下，处于经济社会条件好的地方政府及其官员更愿意将资源和精力投向收益稳健的产业转型升级政策，处于经济社会条件相对较差的地方政府及其官员更愿意将资源和精力投向冒险性的产业转型升级政策。

证明：经济社会条件较好的地方，地方政府竞争获胜的可能性更大。稳健性的产业转型升级项目意味着其收益的方差更小，冒险性的产业转型升级项目意味着其收益的方差更大。在式(5.55)中，$c_1 \sigma_1 > c_2 \sigma_2$ 时，就有 $dL_0/dP < 0$。$c_1 \sigma_1 > c_2 \sigma_2$ 表示 $c_1 = c_2$ 时，m 类项目内容的方差比 n 类项目内容的大，或者 $\sigma_1 = \sigma_2$ 时，m 类项目内容的成本相对于 n 类项目内容的更高，$dL_0/dP < 0$ 表示竞争成功可能性变大时，地方政府减少对 m 类项目的投入，增加对 n 类项目的投入。证明完毕。

推论五、推论六、推论七说明，在我国的上、下级政府治理机制下，对那些产业政策要求不同的产业转型升级内容，地方政府的产业政策执行行为是不一样的。要求越严，执行得越明显；反之相对不明显。对那些无法用标准指标要求的内容，地方政府的产业政策执行行为也不明显。地方政府所处的环境条件不同，地方政府执行产业政策的效果也不一样。

第三节　地方政府产业政策选择与产业转型升级效果

在产业转型升级问题上，地方政府采取什么样的产业政策干预企业行为，取决于这样的产业政策干预给其带来的利益对比。包括通过什么途径进行干预、是对转型升级产业的研发、开拓投入进行干预还是对其产出进行干预、是否和别的地区在产业转型升级上进行合作、是在产品市场合作还是在资源投入上合作、选择什么性质的企业进行干预、政府官员愿意选择干预的时机等。我们在前面企业行为和政府行为分析的基础上通过对比来扩展这类分析。同样根据地方经济发展程度、地区之间官员的可竞争性、企业的不同性质（产权性质、规模、经营状况）、不同产业的特点、上级政府对转型产业的特殊政策支持等方面的比较来解释地方政府产业政策的选择和地方产业转型升级效果。

第一，在地方经济社会条件上，一方面，在政绩上，我国在政府机关和国有企业官员的培养和提拔中所形成的惯例是，有前途的被培养者会不断调往经济社会条件较好的地区，然后从经济社会条件较好的地区往上一级晋升，这样一来，经济社会条件较好的地区的地方政府及其官员在地区间政绩竞争中获胜的概率更大；另一方面，在经济收益和经济交往上，经济社会条件较好的地区在正常的经济运行过程中，其地方政府及其官员的经济收益也比较高，拥有的技术和其他资源条件也较好，别的地区也更愿意和其发生经济交易。由于这两方面的考虑，经济社会条件较好的地方政府更愿意采取风险小的产业政策，以避免损害自身的政绩和经济利益。其中，积极按上级政府的产业政策意愿行事，就是风险比较小的行为，因为这样被上级处分的可能性较小。结果，当上级产业政策要求促进经济总量增长时，这样的地区就会积极促进产出总量增长，当上级产业政策要求促进技术进步、环境保护时，这样的地方政府又会积极贯彻技术进步、环境保护。另外，这类地区的地方产业政策会更注重产业转型升级中的研发、开拓投入，因为其地区内的技术、人力资源和其他资源条件较好，促进研发、开拓投入的产业政策风险相对别的地区更小，而收益相对更大，并且其较好的经济条件也承担得起这类高成本的投入。反之，那些地方经济社会条件较差的地区，由于在地区之间的政绩竞争中获胜的概率小一些，经济收益也较低一些，本地区的技术、人力资源和其他资源也较差一些，其地方产业政策并不一定完全按照上级产业政策意愿行事，在政绩和现期经济收益之间，会更愿意解决自身现期经济收益，比如上级产业政策要求促进经济总量增长时，这类地区会积极上项目，上级产业政策要求促进技术进步、环境保护时，这类地区仍会积极上项目。而且这类地区的地方产业政策更注重产业转型升级中的新产业产量的扩张，以获取现期经济利益，不注重产业转型升级中的研发、开拓投入。对此我们有下面的推论。

推论八：经济社会条件较好的地区地方产业政策相对于经济社会条件较差的地区地方产业政策更愿意按上级产业政策要求行事，更注重产业转型升级中的技术研发、市场开拓的投入，从而在产业转型升级过程中会形成较好的技术基础和市场基础；而经济社会条件较差地区的地方产业更注重产业转型升级中的产量扩张，所形成的技术和市场条件往往会较差。

证明：首先，由推论七，经济社会条件较好的地区，其地方产业政策更倾向于收益稳健的产业政策，由于按上级产业政策意愿行事获得的政绩收益风险较小，不按上级产业政策意愿行事获得的政绩收益风险较大，又由于其技术、人力资源和其他资源条件相对较好，新产业研发、开拓投入的正外部性较高，成功可能性高，风险也较小，所以其地方产业政策更倾向于上级产业政策的意愿和产业转型升级中的研发、开拓投入，经济社会条件较差的地区相反；其次，根据推论四，倾向于新产业研发、开拓投入的地方产业政策在既促进新产业技术、市场发展又促进新产业产出增长的同时，新产业的产品技术、市场的发展成熟要快于新产业产出规模的扩大；而倾向于新产业产出规模增长的产业政策，在既促进新产业的产品技术、市场发展又促进新产业产出增长的同时，新产业的规模扩张快于新产业的产品技术、市场条件的成熟。所以经济社会条件较好的地区在产业转型升级过程中会形成较好的技术和市场基础，经济社会条件较差的地区往往会出现技术和市场条件跟不上产业扩张的需要。证明完毕。

第二，在产业政策干预的方式和参与产业转型升级的企业特点上，首先，在上级产业政策有明确详细指标要求的情况下，地方产业政策必须按标准执行产业转型升级内容，这就要求地方政府必须实实在在投入相应的资源和精力，但对这些产业转型升级内容，地方产业政策更注重完成指标，所以更会采取依据产出数量的产业补贴政策，尤其上级政府根据一定的指标完成情况给予地方经济相应的财政支持时，更是如此，这样就会使得这些方面的产业转型升级内容背后的技术和市场开拓不一定取得很大进展，从而产业转型升级的程度不一定达到成熟产业的要求条件，也不一定达到成熟产业的经济环境。而对那些上级产业政策没有明确详细指标要求的产业转型升级内容，地方产业政策更会根据这些产业转型升级内容对地方政府及其官员所具有的利益前景而适度地扶持，所以这些内容的规模与其技术、市场条件会相对称。其次，对上级产业政策有明确详细指标要求的产业转型升级内容，由于下级地方产业政策必须贯彻执行，这就加强了地方产业政策干预地方产业转型升级的力度。而对于那些上级产业政策没有明确详细指标要求的产业转型升级内容，下级地方产业政策不一定进行干预，这些产业转型升级内容也不一定能实现。最后，对于处在地方经济的国有企业，不管属于地方国有还是不属于当地地方国有，由于这些国有企业的官员也会考虑其将来的政治前途，所以与地方政府和上级政府之间有着一定的利益约束关系在其中，那么在产业转型升级过程中，地方产业政策会更倾向于让这类企业来完成那些上级产业政策有明确详细指标要求的产业转型升级内容，因为这样的做法能减少地方政府的成本付出，还能提高完成指标的可能性。也由于这类企业与地方政府有着一定的利益约束，地方政府把上级的财政支持给予这类企业，还可形成彼此的互惠互利关系。相反，对于那些上级产业政策没有明确详细指标要求的产业转型升级内容，地方产业政策更会让那些非国有企业去实现，而且地方产业政策也更会采用指导性和功能性的产业政策来干预非国有企业去实现。对此我们有下面的推论。

推论九：对那些上级产业政策有明确详细指标要求和给予财政支持的产业转型升级内容，其产业转型升级的程度更高，但其产业的技术和市场条件往往落后于其规模的扩展，而且这种情况更多出现在国有企业中；对于那些上级产业政策没有明确详细指标要求和财政支持的产业转型升级内容，其产业转型升级的程度会低一些，但其产业的扩展规模往往和其技术和市场条件的成熟度是相适应的，这种情况更多出现在非国有企业。

证明：首先，根据推论一，有政府产业补贴政策与没有政府产业补贴政策相比，都能促进产业转型升级内容的技术、市场开拓的进展和新产业产品市场规模的扩大，因此上级产业政策有明确详细指标要求和财政支持的产业转型内容，地方产业政策更会通过产业补贴政策来完成指标要求，从而会促进这类产业转型内容的实现程度更高。其次，根据推论四，与没有产业补贴政策相比，政府实行产出补贴政策会促进新产业的产出增长比新产业的研发投入增长更快。由于为了完成指标，地方产业政策更会把指标分解成产业转型升级内容的实现量，尤其新产业的产出量，并通过补贴政策或把上级财政支持变成补贴，结果这些产业转型升级内容就容易出现产业的技术和市场条件往往落后于其规模的扩展。最后，根据推论七，地方政府为了提高地方政府间执行产业政策的政绩，会更倾向于成本较低、成功可能性较高的产业政策，而让彼此间有利益约束的国有企业来承担成本更低、成功率更高的产业政策选择。那么，国有企业就更容易出现产业的技术和市场条件落后于其规模的扩展。

第三，在产业转型升级的时间进度上，一般一届新的地方政府上任后，总要对地方经济社会做出一些贡献以表达自己为地方经济社会服务的工作态度，还表示自己有为地方经济社会解决问题、促进发展的能力，所以，地方政府在新一届上任的初期在各方面的工作积极性都更高。表现在产业转型升级问题上也是一样，通常的情况是：其一，新一届地方政府上任初期，产业转型升级的进度更大，而且质量更好，也就是在新产业的产出规模和研发、开拓上的增长更多，尤其研发、开拓上的投入和取得的进展会更大一些，因为这能为产业转型升级的后续进程打下基础。其二，新一届地方政府上任初期，地方产业转型升级更会出现新方向和新举措，因为这可以显示新一届地方政府自身的能力，如果还是在上一届地方政府的基础上继续前进，即使付出很大努力取得成绩，也不易被人们承认，甚至被人们归结为上一届政府的功绩。其三，在每届地方政府任职的后期，产业转型升级上的新方向和新举措较少，而且对新产业的产出规模扩张更重视，对新产业的研发、开拓投入更不重视。对此我们有下面的推论。

推论十：在每届新政府上任初期，产业转型升级上的进展更大，产业转型升级的研发、开拓投入和进展也更大，而在每届政府任期后期，产业转型升级上的进展更小，主要的进展会体现在新产业规模扩张上。

证明：首先，由推论七可知，地方政府为了提高政绩竞争中获胜的概率，会更倾向于风险较小、成本更小的产业转型升级政策，在每届政府任职初期，进行产业转型升级上的较大投入在本届政府任职届满前见到成果的可能性更大，或者说，收益的风险更小；反之，在本届政府任职后期进行的投入，在本届政府任职届满前见到成果的可能性更小，或者说是收益的风险更大。尤其产业转型升级中的研发、开拓投入，这类投入既是产业转型升级的基础，又往往从投入到收益的时间周期较长，为了提高本届任期内收益的可能性，每届政府会更倾向于任职初期投入。这就会使每届政府任职初期的产业转型升级进展更大。其次，由推论四可知，每届政府任职初期在产业转型升级的产出和研发投入上的增加，会促进新产业的产出规模扩张和技术、市场的发展，且产出上的产业投入会促使产出增长比研发增长更快，研发投入的增长会使得技术、市场取得的进展比产出更快，那么在任职后期研发、开拓投入的减少就会使得新产业的技术、市场开拓进展更慢，慢于产出增长。证明完毕。

第四，通常政府的产业政策会针对产业转型升级中的某方面难点或者较突出的难点进行政策帮扶，比如在产业转型升级的初期，新产业的研发、开拓较难突破，风险也较大，为了鼓励企业的参与，政府的产业政策主要是进行研发补贴，而且补贴力度也相对较大。在产业扩展阶段，企业往往在生产规模扩大过程中的资金、土地、人力等要素上遇到更大困难，政府的产业政策就主要进行生产规模补贴上的激励和帮扶。这样的偏向性补贴政策易导致新产业的产出规模与新产业的成熟程度不符合。对此我们有下面的推论。

推论十一：在新产业的初始阶段，由于上级产业政策主要偏向于对新产业的研发、开拓内容进行补贴，这会导致新产业的技术应用跟不上产业的研发开拓；在新产业的后期阶段，由于上级产业政策主要偏向于对新产业的产出规模进行补贴，这会导致新产业的技术和产品使用价值跟不上产出规模扩展的需要。

证明：首先上级政府偏向于对什么内容进行补贴，就会在相关内容上制定详细标准，或者给予相应的财力支持。一般在产业转型升级初期，中央政府为了激励企业在新产业的技术、市场开拓上快点取得进展和突破，就会偏向于对新产业研发和开拓进行激励补贴，并要求下级政府执行；在产业转型升级中后期，中央政府为了激励企业在新产业上创造更多产值，会偏向于对新产业的产出规模进行激励补贴。根据推论五，在产业转型升级初期，就会导致企业更注重新产业研发、开拓上投入超过新产业产出上的投入；在产业转型升级中后期，就会导致企业更注重产出规模上投入超过新产业研发、开拓上的投入。证明完毕。

推论八、推论九、推论十、推论十一说明了在我国地方产业政策和企业行为的结合下，产业转型升级效果的多样性，也揭示了产业转型升级效果与地方经济社会条件、地方政府的任职周期、产业转型升级不同阶段、产业政策的不同要求等之间的依赖关系。

第七章　产业转型升级效果及其影响因素关系的实证分析

第一节　所要实证检验的关系

本章对前面分析的产业转型升级效果与其影响因素之间的关系从我国实际经济中进行检验。从企业的市场行为到地方产业政策对企业行为的改变，再到地方政府对地方产业政策的不同选择和地方产业转型升级的不同效果，这之间的过程是一个连续的逻辑依赖关系，检验这个影响产业转型升级效果的逻辑关系就需要检验以下几个方面的内容：（1）产业转型升级中的企业行为，包括其市场机制下的行为和产业政策干预下的行为改变；（2）地方政府的产业政策选择与其影响因素之间的关系；（3）不同的地方产业政策与企业参与产业转型升级不同行为之间的对应关系；（4）不同的地方产业政策与最终的产业转型升级不同效果之间的对应关系。

不过，我们不能直接检验这几方面的逻辑关系，因为每个经济行为主体的行为是受其所处的经济环境或者影响因素决定的，所以我们只能检验经济中的这些影响因素与影响结果之间的关系，通过这种间接关系的检验来证明其中直接的逻辑关系。因此这种检验总的来说属于必要条件的检验。

首先，对企业来说，影响企业参与产业转型升级行为的因素有两大类，一是企业在市场经营中的收益成本比较，主要是企业在原产业中的经营成本收益与参与产业转型升级后的将来的成本收益比较，当然这种比较与产业转型升级所处的阶段有关，因为新产业在不同阶段的成本收益差别很大；二是地方针对新、旧产业的产业政策。其次，对地方政府来说，影响其地方产业政策选择的因素也分为两类，一是地方的经济社会条件和地方政府及其官员的任期特点；二是上级产业政策的特点，包括上级产业政策要求中的政策偏向、政策是否有详细的指标考核标准、上级政府是否给予专项的财政及其他方面的优惠支持等。正是这些环境和政策因素决定着企业行为的选择和地方产业政策的选择，进而决定着产业转型升级的效果，因此我们就建立这些影响因素与企业行为结果之间的对应关系、这些影响因素与地方产业政策选择及其政策效果之间的对应关系以及这些影响因素与地方产业转型效果之间的对应关系，通过检验这些关系来检验我们前面分析的逻辑结论。反映这些对应关系的主要是上一章的推论八、九、十、十一，所以下面就主要围绕这几个推论进行检验。具体来说，我们将检验：（1）经济社会条件较好的地区与较差地区之间的产业政策制定或执行中的差别和最终产业转型升级效果之间的差别；（2）上级产业政策有明确指标要求和没有明确指标要求的情况下，地方产业政策的不同和相应的产业转型升级效果的区别；（3）检验国有企业和非国有企业在参与产业转型升级中行为的区别；（4）地方政府及其官员的任期特点与其地方产业政策选择和地方产业转型升级效果的关系；（5）产业转型升级的不同阶段，地方产业政策的选择和产业转型升级效果的不同；（6）旧产业的利润情况与产业转型升级效果的关系。

第二节 变量的设计和数据的获取

一 变量的设计

（一）产业转型升级效果的变量设计

一个地方的产业转型升级会体现在该地区经济的很多行业中，由于我国实行市场经济后，工业产值在各地区的经济发展中都有着重要的地位，也是各地产业政策的主要实施对象，因此我们这里就以工业的产业转型升级为例来做分析。对于工业企业中哪些生产经营行为属于产业转型升级行为，我国工业和信息化部 2011 年编制的《工业产业转型升级投资指南》对工业产业转型升级内容提出了一个说明指南，其内容分产品质量、节能减排、安全生产、装备改善、两化融合、军民结合六个方面的要素，涵盖石化和化工、钢铁、有色金属、建材、新材料、汽车、船舶、机械、航空、纺织、轻工、医药、电子信息产品制造、软件和信息技术服务十四个行业，对每一行业中的应用还提出了具体要求。说明中的要点如表 7 - 1 所示：

表7-1   产业转型升级的考核指标

	产业转型升级重点内容
产品质量	以开发品种、提升质量、创建品牌、改善服务和提高效益为重点，提高工业产品质量，加强自主品牌培育，加强工业产品质量安全保障，引领和创造市场需求，提高工业核心竞争力
节能减排	加快节能减排技术、工艺和装备的研发和应用，推动新能源和新材料的研发和推广，大力推进工业节能降耗，促进工业清洁生产和污染治理，发展循环经济和再制造产业，增强工业的可持续发展能力
安全生产	支持工业重点行业安全生产先进适用工艺技术和专用设备安装、安全监测预警系统、事故应急处理装备和系统、危险品生产储运设备设施、个人防护用品及设备设施、安全生产信息化管理系统以及技术装备的发展、产业化和推广应用，提高工业企业本质安全水平，提升安全生产保障能力和防护水平，以人为本，促进和谐社会建设
装备改善	着力提升装备的研发和系统集成水平，加快装备产品的升级换代，支持柔性制造系统、大型机成套技术装备等系统和设备的应用，提升生产和研发测试设备的数字化、系统化、智能化、网络化和自动化水平，提高工业产品品种质量，满足安全生产、节能减排等方面的需要，促进工业转型升级
两化融合	支持企业在工业产品研发设计、生产过程控制、市场营销与售后服务、企业管理等环节的信息化建设，提升产业园区等重点区域的信息化服务能力，全面提高行业信息化水平，加快应用信息技术改造传统产业步伐，提升信息化和工业化融合的层次和水平
军民结合	大力发展军民结合产业和军工优势产业，加速军民两用技术的开发和产业化，支持军用技术向民用领域转移，引导和支持民用先进成熟技术应用于武器装备科研生产，鼓励军工和民用企事业单位联合开发国际市场，建设军民结合产业基地，促进军工经济与地方经济融合，推进军民融合式发展

这些说明基本属于我国权威部门对产业转型升级内容的界定，因此也就给我们衡量产业转型升级效果提供了衡量依据。不过，要全部测量这六个方面、十四个行业的产业转型升级效果很难，因为包括的内容多，数据也难以获取，以什么标准来合并和衡量不同类别的数据更是问题，不同的合并标准还将造成统计检验的结果不一样，最终可能不能说明任何问题。因此我们这里以其中的节能减排为例来说明我们要证明的逻辑关系，尤其节能减排是我国近期经济发展中非常重视和强调的内容，从而各个地方都

会在节能减排上采取一定的措施，那么一个地方在产业转型升级上如果有所行动，一般也就会在节能减排问题上有所反映。

首先，我们以地方经济在治理工业污染上的投资量来代表地方经济在治理工业污染上进行产业转型升级投入的程度。当然这种投入包括两方面：一是在针对地方污染治理问题所进行的研发和污染治理市场的开拓方面的投资，二是污染治理投产上的投资。一般来说，地方经济在针对地方污染问题上的研发和市场研究开拓投资越多，其后期进行转型升级的效果越好，相反其后期转型升级效果就会差一些。尽管如此，这两方面投资越多，总的来说，在工业污染治理上进行的产业转型升级程度越大些。

不过，各地方的产业结构不一样，经济中排放的工业污染物数量会不一样。有的地方经济，其工业占地方经济比重很高，地方工业污染排放量也很大，相应地，地方经济投到污染治理上的投资也会很大，但这不一定代表其治理污染的效果好和积极性高；相反，有的地方工业占地方经济比重较小，地方工业污染物排放量也较小，相应地，地方经济投入到污染治理上的投资量也会较少，但这不一定代表其污染治理不好，也不一定代表其治理污染的积极性不高。因此为了反映一个地方在治理污染问题上的积极性和产业转型升级的程度，我们以地方经济在治理工业污染上的投资量占其工业污染排放量的比值来反映地方经济在节能减排上的行为选择。

对于治理工业污染投资量与工业污染排放量的比值来说，根据我们的推论，如果一个地方经济社会条件越好，这一比值应该越高；而且在一届地方政府官员执政初期，这一比值也应该越高；如果上级政府对工业污染治理上有具体的考核指标要求而且检查较严格，这一比值也应该越高；另外，工业在地方经济所占比例越高，对地方政府及其官员利益影响越大，治理工业污染的规模效应越大，这一比值也应该越高。

其次，我们以地方经济工业污染物排放量与其排放量的达标比值来代表其工业污染治理上的效果或者说是产业转型升级效果。根据前面的推论，一个地方经济社会条件越好，这一比值应该越高；一届地方政府官员任职末期，这一比值应该也较高一些。上级产业政策有具体指标考核要求且检查较严格，这一指标也应该较高一些。

（二）地方产业转型升级效果影响因素的变量设计

1. 地方经济社会条件的变量设计

地方经济社会条件包括地方经济结构是否优化、产业结构是否高级

化、地方市场机制是否健全、市场制度是否完善、经济产值和人们生活的
富裕程度、是不是国家政治考核中的优势地区等。为量化这些指标，我们
以地方人均财政收入为主要指标来衡量一个地方的经济社会条件。这一指
标设计的理由，一是一个地方的经济结构越好、产业结构越高级，平均来
说企业在经营中的收益和相对利润就较高，地方税收相对较高，但不同地
区人口规模、经济规模不一样，以总税收作为反映指标在地区之间就不具
有可比性，以人均税收就可克服这种不可比性；二是一个地方人均税收越
高，地方政府进行市场建设、制度完善、改善企业经营环境和人们生活环
境的经济实力就更强，从而这样的地区制度、市场环境、政治生活和经济
生活环境也会较好一些；三是地方人均收入较高的地区在解决地方人口社
会面临的问题的同时，也更有经济力量为上级政府解决一些问题，从而也
更能得到上级政府的关照。

　　另外根据人们对我国经济状况和政治晋升中已存在的惯例，还把我国
各地区分为东部沿海地区、直辖市和中西部地区，以反映地方经济社会条
件的差异。一般来说，东部沿海地区和直辖市的经济条件较好，社会治理
也较好，人们的生活环境也较好，而且政府在进行官员调整和提拔时，也
更多从东部地区和直辖市获取人选，比如中西部地区的省委书记调往东部
地区或直辖市时，通常只能担任省长或市长。从这些已形成的惯例和共识
中，反映出这一划分也一定程度代表了地区间经济社会条件的差别。

　　不同地方工业产值在其整个经济总量中所占比率不一样，这会导致地
方经济在工业污染排放量的不同和治理上投入量的不同，也会影响地方产
业转型升级的态度和积极性。我们认为，如果地方工业产值占地方经济总
量比重大，由于对地方政府及其官员的经济收益影响大，对其政绩影响也
很关键，以及由于规模经济效应的存在，地方政府更愿意给予更多的资金
和精力治理地方工业污染和促进其转型。因此我们也把地方工业产值占地
方经济总量的比重作为反映地方政府在治理工业污染上对自身经济利益和
政治利益关心程度指标之一。

　　2. 每届政府任职阶段的指标设计

　　我国地方政府官员的每届任期是 5 年，可连任两届，但具体到每位官
员来说，不一定都是任期届满再离开，尤其我国地方官员的调动是很频繁
的，短到几个月，长到四五年，一直任职 10 年的很少。更多的情况是，政
府官员调往一个地方时，从一开始就打算好了干多长时间就离开，都是抱

着一定调动和晋升目的的，因此，我们以官员实际任职年限作为其一届任职期限，根据该期限来确定其任职的初期、中期和末期。另外，在我国地方政府工作中，通常都是"一把手"起关键作用，甚至是"一把手"说了算，因此，我们就以地方领导一把手来代表地方政府的任期和任期阶段。

3. 地方经济产业转型升级上的互相影响指标设计

地方经济都有自身所处的历史条件限制，各有自身特点。我国，由于存在一定程度的政治治理锦标赛机制，往往处于同一经济社会条件的地区，彼此之间在地方产业政策制定或执行上级产业政策时会有攀比或者观望行为，比如同处于西部地区或同处于中部地区的地区间就会是这样，而西部地区与东部地区间就更少有这种行为。因此我们就以是否处于同一经济社会条件的地区作为是否有相互影响的检验标准之一。

二　数据的获取

（一）有关地方工业污染治理情况的数据获取

第一，地方工业污染排放物包括三类：废水、废气、固体废物，下面所有的分析中，都是以我国 2005 年至 2011 年的数据作为分析的样本，对于地方经济来说，当然能分析县级、乡级的地方经济数据更好，但根据数据的可获取性，我们这里只能选取省级数据作为地方分析单位，样本期间各省工业污染物的排放量在中国统计年鉴和中国环境统计年鉴中可以获取，不过其中的工业固体废物量较多省份的统计严重缺失，所以我们以工业废水排放量和工业废气排放量来分析，其中新疆、西藏两个地方的数据存在严重缺失问题，所以我们排除掉这两个地区的数据。

相应地，地方治理工业污染排放的投资也分为三类：治理工业废水的投资、治理工业废气的投资和治理工业固体废物的投资，不过具体在每一年各省决定要投入到工业污染治理的投资量并不知道，这些投资量应该由每年地方领导和会议决策的文件来决定，各地决定的数量一般不会进入统计数据，甚至不会对社会公布，因为只是一个计划，需要看以后的经济中能否有条件实施，所以要得到这样的地方数据很难，统计年鉴上也没有。但统计年鉴上有各省每年工业污染治理完成的投资量数据，对于该统计量与每年地方政府决定的投资量之间的关系，我们这里认为，地方政府在前期决定进行多少投资，后期才有多少投资完成量，但从政府决定进行投资到完成这些投资需要一定的时间，而且地方政府往往会安排这些投资完成的时间间隔，一般会在自己任期的越往后期，投资量完成越多，以增加自已在执政期间的功绩和政绩，而在本届政府任期的早期完成的投资量，通常都是上一届政府所决定的投资量，因此，如果一届政府在本届政府任期的后期所决定的投资量越少，就会导致下一届政府任期的早期完成的投资量较低。样本期间这一数据见表7－2。

表7－2　　　　　　　　　地方工业污染治理完成投资量　　　　　　　单位：万元

	2011 年	2010 年	2009 年	2008 年	2007 年	2006 年	2005 年	7 年平均
北京	10946	19340	34421	78475	81207	101397	108900	62098
天津	152848	164684	180054	168270	150527	149534	186300	164602.43
河北	243399	108588	132272	205675	215485	190689	251500	192515.43
山西	279450	279574	386711	529370	457241	367603	197900	356835.57
内蒙古	310164	132400	178258	219189	167487	177235	25700	172919
辽宁	116032	147708	196562	201645	237002	520470	369500	255559.86
吉林	65624	63366	79255	93865	80308	39810	51500	67675.429
黑龙江	100891	49494	99318	95079	102110	58189	45600	78668.714
上海	63602	94107	68357	103901	164318	59269	87500	91579.143
江苏	310062	185995	270554	397126	537032	280053	389500	338617.43
浙江	178373	119568	193574	148007	213773	250363	199500	186165.43
安徽	92793	58895	108282	115341	113853	54555	45400	84159.857
福建	142599	153296	128692	155763	138007	196035	345400	179970.29
江西	66235	63775	39540	50665	82688	68579	72300	63397.429
山东	624466	456759	515832	844159	673420	596643	605100	616625.57
河南	213728	125120	154242	246110	338132	247335	206800	218781
湖北	92873	277416	281332	161453	188634	148873	148100	185525.86
湖南	97039	137949	133806	143905	133641	173309	141200	137264.14
广东	166420	310584	227464	403276	462758	313708	370400	322087.14
广西	86230	92845	117118	149751	181940	86604	103700	116884
海南	27534	4354	3563	3774	3889	21389	3800	9757.5714
重庆	49384	77502	70747	97396	100070	36742	39100	67277.286
四川	166537	71627	96191	193808	201033	203008	200400	161800.57
贵州	131970	68080	89475	102029	45646	100771	59300	85324.429
云南	137331	106272	94880	102677	86423	94089	67500	98453.143
陕西	237248	336535	205999	106582	97045	73747	126900	169150.86

续表

	2011 年	2010 年	2009 年	2008 年	2007 年	2006 年	2005 年	7 年平均
甘肃	105338	146483	123302	118436	149087	136468	66600	120816.29
青海	27858	9747	29439	11165	7913	7773	4700	14085
宁夏	38735	40896	43472	90631	46272	39886	17700	45370.286

资料来源：根据各年中国统计年鉴数据整理。

　　第二，各地方工业污染治理投资量在不同年份会发生变化，原因可能是地方产业结构调整导致工业比重下降，也可能是地方政府自身改变投资量，为了分析这种变化的影响，我们进一步统计出各省逐年的变化情况。其中，不同年份的物价水平不一样，我们用 PPI 对不同年份投资量进行调整，用调整后的数值计算变化率。样本期间这方面数据见表 7 - 3。

表 7 - 3　　　　　地方工业污染治理完成投资量逐年变化（%）

	2011 年	2010 年	2009 年	2008 年	2007 年	2006 年
北京	- 0.49402	- 0.49313	- 0.50738	- 0.10264	- 0.23012	- 0.0989
天津	- 0.13187	- 0.14036	0.12403	0.048873	- 0.02436	- 0.22735
河北	1.181491	- 0.23406	- 0.30289	- 0.11453	0.099034	- 0.27179
山西	- 0.06044	- 0.33205	- 0.21549	0.088748	0.212845	0.827519
内蒙古	1.282628	- 0.31226	- 0.13274	0.239693	- 0.086	5.866304
辽宁	- 0.27445	- 0.30354	0.028792	- 0.21818	- 0.57564	0.378579
吉林	- 0.02437	- 0.25548	- 0.10165	0.099813	0.986282	- 0.25699
黑龙江	0.978449	- 0.55666	0.098584	- 0.13786	0.723799	0.246075
上海	- 0.38415	0.321699	- 0.28809	- 0.43668	1.741411	- 0.35264
江苏	0.607045	- 0.36754	- 0.26472	- 0.32952	0.886608	- 0.31099
浙江	0.431812	- 0.43731	0.361871	- 0.37664	- 0.17715	0.224952
安徽	0.515567	- 0.5111	- 0.0072	- 0.05593	1.05594	0.171652
福建	- 0.12978	0.136185	- 0.1198	0.05966	- 0.32701	- 0.46244
江西	- 0.02143	0.557924	- 0.16558	- 0.45628	0.174734	- 0.08147
山东	0.307167	- 0.16952	- 0.33494	0.18454	0.097682	- 0.04398
河南	0.648184	- 0.24381	- 0.31928	- 0.34115	0.336101	0.166011
湖北	- 0.72522	- 0.06892	0.796501	- 0.21309	0.23608	- 0.02478
湖南	- 0.35656	- 0.02404	- 0.01618	0.007803	- 0.25989	0.197401

续表

	2011 年	2010 年	2009 年	2008 年	2007 年	2006 年
广东	- 0.52417	0.31042	- 0.38196	- 0.19754	0.444123	- 0.18306
广西	- 0.13125	- 0.26225	- 0.16392	- 0.24592	1.069827	- 0.19486
海南	5.26384	0.167004	- 0.00191	- 0.09857	- 0.84918	4.598684
重庆	- 0.4228	0.040481	- 0.21961	- 0.09572	1.692586	- 0.09031
四川	1.265059	- 0.31037	- 0.44968	- 0.10494	- 0.04073	- 0.01699
贵州	0.878455	- 0.29412	- 0.06904	1.166223	- 0.57803	0.669342
云南	0.232259	0.065067	- 0.02194	0.119075	- 0.11248	0.363911
陕西	- 0.35503	0.578673	0.986775	0.029274	0.284918	- 0.44886
甘肃	- 0.34089	0.133002	0.095085	- 0.27459	0.061469	1.019069
青海	1.79811	- 0.72391	1.690722	0.341969	- 0.01299	0.62383
宁夏	- 0.11284	- 0.11426	- 0.46634	0.889658	0.129106	1.223446
PPI	106	105.5	94.6	106.9	103.1	103

资料来源：根据中国统计年鉴数据整理。

　　第三，各省每年完成的工业污染治理投资与工业污染排放量比值的计算我们直接用投资完成量与污染物排放量比值来表示。尽管两方面的计量单位不同，但使用这两个方面的比值不会影响我们对各省之间的对比分析。不过，在各省每年完成的治理工业污染物投资数据中，完成的总投资量和治理废水投资量、治理废气投资量的数据都有统计，但固体废物的投资完成量缺失，所以我们在计算这一比值时也只能利用治理废水、废气的投资完成量和相应的废水、废气排放量，这对我们的分析效果可能有影响，但影响不大。其中，废水和废气的计量单位不同，我们采取分别求比值，然后将两比值相加的方式来合成平均比值，也就是，先求出各省每年治理工业废水完成的投资量与相应的工业废水排放量的比值，和每年治理工业废气完成的投资量与相应的工业废气排放量的比值，然后将两个比值相加作为我们要得到的比值。样本期间这一比值数据见表 7 - 4。

　　第四，地方污染排放达标量包括工业废水、工业废气和工业废物三个方面，但由于统计指标的不健全，各省工业废气和工业废物排放达标量都没有给出完全数据，所以我们以工业废水排放达标量来反映这方面的情况。其中由于 2011 年统计年鉴的统计方法改为废水处理量，不统计废水排放达标量，所以，2011 年的数值以废水处理量代替排放达标量来计算比值。样本期间这方面的比值见表 7 - 5。

表7－4　　　　　　地方工业污染治理完成投资量与排放量比

	2011 年	2010 年	2009 年	2008 年	2007 年	2006 年	2005 年	7 年平均
北京	1.6047	3.849457	5.972691	15.52898	9.006039	17.125	23.2445	10.90448
天津	6.829165	6.930273	14.79156	18.39937	13.91091	11.66257	22.91615	13.63428
河北	2.628625	1.672855	4.119604	5.388447	3.196878	2.805859	4.861076	3.524764
山西	4.6682	5.356191	12.54408	9.433393	15.99281	14.46245	6.656606	9.873389
内蒙古	9.83764	6.673958	8.140062	9.128106	13.17864	10.79033	5.556328	9.04358
辽宁	5.124376	4.167877	6.728599	7.259765	15.36095	3.711949	5.531733	6.84075
吉林	3.929592	4.489351	7.5129	8.108024	6.375891	6.516236	4.958206	5.984314
黑龙江	7.945286	2.320901	4.348443	5.594855	5.449833	2.715474	4.041083	4.630839
上海	3.849738	2.853756	5.286256	13.6802	15.75744	5.932913	7.09134	7.778807
江苏	3.300129	6.584588	7.390011	10.32774	15.24664	7.217906	14.36658	9.2048
浙江	3.107952	2.284394	6.042177	7.615045	4.491016	15.90513	8.512525	6.851177
安徽	1.350981	1.933768	4.579967	5.913752	4.446574	2.505341	3.793398	3.503397
福建	4.487231	4.261549	6.215131	8.637336	9.666852	10.17145	7.205675	7.235032
江西	3.486069	4.309165	2.110556	3.277984	9.556455	8.696669	7.290111	5.53243
山东	6.428305	7.034271	6.90974	15.24815	14.32436	13.0255	12.86816	10.83407
河南	3.964814	3.624324	6.22804	7.315368	9.868117	10.3444	5.392783	6.676835
湖北	2.041777	7.606205	17.67333	6.1454	3.804342	6.629917	2.773892	6.667838
湖南	2.412867	4.970906	3.061588	8.563777	5.937769	5.106221	3.818733	4.838837
广东	2.757145	3.052174	13.3416	9.575774	12.59423	14.82596	12.73059	9.839639
广西	1.608711	2.163555	2.615305	3.470297	8.285779	4.465597	4.054802	3.809149
海南	4.899668	0.781426	0.562355	1.124052	0.929317	4.254523	4.482706	2.433435
重庆	1.637296	4.336841	7.419673	9.163393	8.137981	6.500555	4.846041	6.005969
四川	4.47881	1.940206	2.876282	7.347674	4.496594	10.37432	5.255353	5.252748
贵州	2.319468	5.243524	4.490371	7.476177	3.118253	3.140526	2.93889	4.103887
云南	2.729668	3.42346	7.181241	4.396737	4.013578	6.407426	2.546503	4.385516
陕西	7.711575	14.80983	15.17832	7.604391	7.52692	4.061451	6.390898	9.040484
甘肃	6.898925	7.427372	5.566494	4.169478	11.99134	5.401252	2.427479	6.268906
青海	2.911565	2.321589	8.184166	10.23589	2.895506	5.604815	5.018951	5.310354
宁夏	2.944625	3.384289	7.022152	7.841	4.92213	4.241778	3.763711	4.874241

资料来源：根据中国统计年鉴、中国环境统计年鉴数据整理。

表 7-5　　　　　　　　　　　地方废水排放达标率

	2011 年	2010 年	2009 年	2008 年	2007 年	2006 年	2005 年	7 年平均
北京	0.764388	0.987558	0.984117	0.98255	0.974157	0.99292	0.994303	0.954285
天津	0.56239	0.999543	0.999953	0.999021	0.997092	0.997693	0.996044	0.935962
河北	0.126944	0.98595	0.982807	0.954833	0.922794	0.934095	0.962958	0.838626
山西	0.163583	0.946673	0.823106	0.856112	0.882263	0.688961	0.888688	0.749912
内蒙古	0.413599	0.902342	0.85149	0.826002	0.736865	0.769723	0.666239	0.738037
辽宁	0.256985	0.925686	0.859422	0.885294	0.924078	0.929089	0.950938	0.818785
吉林	0.638768	0.88972	0.815173	0.871979	0.875818	0.814069	0.812304	0.816833
黑龙江	0.400782	0.926826	0.917817	0.867849	0.853917	0.878195	0.924731	0.824302
上海	0.62766	0.980298	0.98773	0.987891	0.977339	0.975381	0.970507	0.929544
江苏	0.609543	0.98052	0.980987	0.976696	0.973893	0.976586	0.975088	0.924759
浙江	0.598965	0.962143	0.952839	0.908254	0.860889	0.863828	0.966491	0.873344
安徽	0.331497	0.979527	0.962091	0.961661	0.947734	0.971163	0.97368	0.875336
福建	0.705027	0.986768	0.987989	0.984485	0.98273	0.979441	0.976592	0.94329
江西	0.512829	0.941828	0.938309	0.92985	0.938853	0.932344	0.92133	0.87362
山东	0.442033	0.984409	0.985533	0.988563	0.980736	0.980432	0.982275	0.906283
河南	0.668608	0.973691	0.960984	0.948657	0.940303	0.929824	0.919353	0.905917
湖北	0.321104	0.967704	0.959157	0.936661	0.936418	0.909859	0.875519	0.843775
湖南	0.405865	0.937012	0.91352	0.921128	0.898328	0.91596	0.897411	0.841318
广东	0.6909	0.931145	0.923392	0.89733	0.860462	0.84876	0.838993	0.855855
广西	0.288672	0.9693	0.949639	0.856837	0.928123	0.929133	0.836988	0.82267
海南	0.773506	0.978208	0.96561	0.947087	0.946289	0.946266	0.936187	0.927593
重庆	0.909612	0.947278	0.942776	0.934668	0.920724	0.938147	0.936644	0.932836
四川	0.280841	0.96522	0.953916	0.949319	0.913618	0.844887	0.882576	0.827197
贵州	0.205727	0.772753	0.710038	0.717059	0.719229	0.718409	0.677037	0.64575
云南	0.325407	0.918418	0.926352	0.926597	0.9051	0.891559	0.809615	0.814721
陕西	0.55829	0.97507	0.967156	0.972255	0.961445	0.892265	0.927252	0.89339
甘肃	0.874656	0.833181	0.810681	0.589454	0.809627	0.790766	0.73229	0.777236
青海	0.517196	0.599269	0.558287	0.530713	0.502486	0.486468	0.445728	0.520021
宁夏	0.737899	0.787369	0.874316	0.874609	0.696962	0.647568	0.677596	0.756617

资料来源：根据中国统计年鉴、中国环境统计年鉴、各省统计年鉴数据整理。

（二）影响产业转型升级效果因素的数据获取

首先，地方财政收入包括预算收入和预算外收入，但各地预算外收入数据很难得到，统计年鉴也没有包括，所以我们以地方一般预算收入作为地方财政收入的替代指标，这一统计口径大于税收收入，更能体现地方政府财政对经济总的依赖，不只是对税收途径的依赖。各地人均一般预算收入数据见表7-6。

表7-6　　　　　　　　地方人均财政收入　　　　　　　单位：亿元/万人

	2011年	2010年	2009年	2008年	2007年	2006年	2005年	7年平均
北京	1.48929	1.199822	1.154877	1.083967	0.914047	0.706611	0.597666	1.020897
天津	1.073897	0.82261	0.669287	0.574506	0.484699	0.387952	0.318169	0.618731
河北	0.240007	0.185144	0.151701	0.135582	0.113657	0.089959	0.075274	0.141618
山西	0.337721	0.271302	0.235116	0.219292	0.176212	0.172852	0.109789	0.217469
内蒙古	0.546667	0.432808	0.346128	0.266199	0.202716	0.142182	0.115462	0.293166
辽宁	0.603046	0.458259	0.366556	0.314271	0.251907	0.191447	0.15998	0.335067
吉林	0.309194	0.219329	0.177801	0.154644	0.117469	0.090049	0.076271	0.163537
黑龙江	0.260185	0.197104	0.167711	0.151184	0.115185	0.101189	0.0833	0.153694
上海	1.461081	1.247941	1.14931	1.101883	1.005282	0.802437	0.749843	1.073968
江苏	0.65186	0.51845	0.413416	0.351895	0.289748	0.21639	0.174311	0.373724
浙江	0.576753	0.478924	0.406125	0.370921	0.319986	0.255965	0.213708	0.374626
安徽	0.245235	0.192958	0.14091	0.118112	0.088868	0.070053	0.054578	0.130102
福建	0.403632	0.311804	0.254353	0.229035	0.193668	0.150975	0.121606	0.237867
江西	0.234699	0.174372	0.131155	0.111056	0.089252	0.070411	0.058669	0.124231
山东	0.358611	0.286757	0.232161	0.207821	0.178862	0.145693	0.116039	0.217992
河南	0.1834	0.146863	0.118695	0.107	0.092103	0.072314	0.057319	0.111099
湖北	0.265204	0.176544	0.142459	0.12447	0.103589	0.083626	0.065766	0.13738
湖南	0.230012	0.164638	0.132316	0.113278	0.095445	0.075359	0.062483	0.12479
广东	0.52498	0.432627	0.360297	0.334613	0.288385	0.230826	0.196563	0.338327
广西	0.20403	0.16746	0.127881	0.107646	0.087841	0.072596	0.060737	0.118313
海南	0.387672	0.312004	0.206282	0.169623	0.128158	0.097864	0.082947	0.197793
重庆	0.509877	0.330052	0.229161	0.203443	0.157209	0.113147	0.091782	0.233524
四川	0.254011	0.194119	0.143506	0.128	0.104696	0.074377	0.05841	0.136731
贵州	0.222872	0.153418	0.117748	0.09673	0.078507	0.061468	0.048927	0.111381

续表

	2011 年	2010 年	2009 年	2008 年	2007 年	2006 年	2005 年	7 年平均
云南	0.23995	0.189323	0.152757	0.135164	0.107823	0.084758	0.070258	0.140005
陕西	0.400839	0.256532	0.1973	0.159101	0.128153	0.097987	0.074608	0.187789
甘肃	0.175541	0.13812	0.112172	0.103872	0.07492	0.055448	0.048526	0.101228
青海	0.267191	0.195601	0.157434	0.129186	0.102732	0.077087	0.062288	0.141646
宁夏	0.344014	0.242591	0.178464	0.153736	0.131199	0.101584	0.08007	0.175951

资料来源：根据中国统计年鉴数据整理。

其次，各地方政府任期内所处的阶段我们以省委书记来表示，用分子表示该省委书记到该地任职的第几年，用分母表示该省委书记在该省连续任职的年数，因此该比值越小，表示该省委书记处于其任期的初始阶段，越大，表示其处于任期的后期。样本期间的任职阶段数据见表 7 - 7。

表 7 - 7　　　　　　　　　地方政府官员所处任职阶段

	2011 年	2010 年	2009 年	2008 年	2007 年	2006 年	2005 年
北京	1	8/9	7/9	2/3	5/9	4/9	1/3
天津	2/3	1/2	1/3	1/6	1	9/10	4/5
河北	1	3/4	1/2	1/4	1	4/5	3/5
山西	1/4	1	4/5	3/5	2/5	1/5	1
内蒙古	1/2	1/4	1	7/8	3/4	5/8	1/2
辽宁	1/2	1/4	1	1/2	1	2/3	1/3
吉林	1/2	1/4	1	2/3	1/3	1	7/8
黑龙江	3/4	1/2	1/4	1	2/3	1/3	1
上海	2/3	1/2	1/3	1/6	1	1	3/4
江苏	1/4	1	2/3	1/2	1	4/5	3/5
浙江	4/5	3/5	2/5	1/5	1	4/5	3/5
安徽	1/4	1	2/3	1/2	1	2/3	1/3
福建	2/3	1/3	1	4/5	3/5	2/5	1/5
江西	4/5	3/5	2/5	1/5	1	5/6	2/3
山东	3/5	2/5	1/5	1	1	4/5	3/5
河南	1/2	1/4	1	4/5	3/5	2/5	1/5
湖北	1/4	1	2/3	1/3	1	5/6	2/3

续表

	2011 年	2010 年	2009 年	2008 年	2007 年	2006 年	2005 年
湖南	1/3	1	4/5	3/5	2/5	1/5	1/5
广东	2/5	1/5	1	4/5	3/5	2/5	1/5
广西	2/3	1/2	1/3	1/6	1	1	8/9
海南	1	3/4	1/2	1/4	1	3/4	1/2
重庆	1	3/4	1/2	1/4	1	1/2	1
四川	4/5	3/5	2/5	1/5	1	1	3/4
贵州	1/2	1	4/5	3/5	2/5	1/5	1
云南	1	9/10	4/5	7/10	3/5	1/2	2/5
陕西	4/5	3/5	2/5	1/5	1	9/10	4/5
甘肃	1	4/5	3/5	2/5	1/5	1	2/3
青海	1	3/4	1/2	1/4	1	3/4	1/2
宁夏	1/3	1	7/8	3/4	5/8	1/2	3/8

资料来源：根据人民网和地方政府网站信息整理。

最后，地方工业占地方经济总量的比重在统计年鉴中都可以计算出来。样本期间这方面的数据见表7-8。

表7-8　　　　　　　地方工业占地方 GDP 比重　　　　　单位:%

	2011 年	2010 年	2009 年	2008 年	2007 年	2006 年	2005 年	7 年平均
北京	18.8	19.6	19	19.2	21.2	22.4	24.5	20.67143
天津	48	47.8	48.2	50.9	50.7	50.7	50.1	49.48571
河北	48.01	46.85	46.32	49.29	47.88	47.84	46.99	47.59714
山西	53	50.6	47.8	52.9	52.2	50.9	50.1	51.07143
内蒙古	49.5	48.1	46.2	45.7	43.3	41	37.8	44.51429
辽宁	48.13	47.66	45.55	46.53	43.83	43.2	42.28	45.31143
吉林	46.53	45.33	41.97	41.84	41.08	38.81	37.68	41.89143
黑龙江	44.5	44.4	41.3	46.5	46.8	49.1	48.9	45.92857
上海	37.6	38	36	39.6	41.3	43.3	43.7	39.92857
江苏	45.4	46.5	47.8	49.3	50.4	51	50.8	48.74286
浙江	45.4	45.7	45.8	48.1	48.5	48.3	47.3	47.01429
安徽	46.16	43.75	40.4	39.61	38.17	36.65	34.34	39.86857

续表

	2011 年	2010 年	2009 年	2008 年	2007 年	2006 年	2005 年	7 年平均
福建	43.7	43.4	41.7	42.2	43.4	43.7	43.3	43.05714
江西	46.2	45.4	41.8	41.7	41.6	39.5	35.9	41.72857
山东	46.9	48.2	49.8	51.4	51.5	52	51.3	50.15714
河南	51.8	51.8	50.8	51.8	50	48.8	46.3	50.18571
湖北	43.5	42.1	40	38.8	38.4	38.5	37.6	39.84286
湖南	41.3	39.3	36.9	37.3	36	35.2	33.3	37.04286
广东	46.3	46.6	45.8	47	47	47.1	46.5	46.61429
广西	41.4	40.1	36.9	37.4	35.9	33.5	31.7	36.72857
海南	18.8	18.7	18.2	20.6	22.2	22.4	19.2	20.01429
重庆	46.9	46.7	44.7	45	42.9	40.1	37.3	43.37143
四川	45.1	43.2	40.1	39.3	37.1	36.2	34.2	39.31429
贵州	32.1	33	32	33.6	33.9	35.9	35.3	33.68571
云南	33.67	36.05	33.85	36.04	33.54	35.14	33.75	34.57714
陕西	55.2	54.9	37.2	49.1	48.4	44.4	46.9	48.01429
甘肃	38.32	38.9	35.53	37.54	39.34	38.12	35.46	37.60143
青海	48.6	45.4	43.5	46	43.2	40.9	37.5	43.58571
宁夏	38.8	38.1	38.5	42.1	41	39.6	37.3	39.34286

资料来源：根据中国统计年鉴数据整理。

第三节　实证分析

一　数据特征描述

首先，从表7-2可看出，各地工业污染治理投资完成量7年平均完成投资最多的前3个省份依次是山西、江苏和广东，既有东部省份也有中西部省份，而7年平均完成投资最低的3个省份依次是海南、青海和北京，同样有发达地区也有不发达地区，所以，从投资总量上反映不出东西部或者说发达地区与不发达地区的不同，原因是各省市经济规模和工业经济规模不同，这可从表7-8看出，一般完成投资总量多的省份都是工业规模较大，尤其是煤炭、钢铁、冶金、水泥等工业产值较大的地区。从表

7-2还可看出，各地完成工业污染治理投资量从2005年到2011年期间基本呈下降趋势，这可从表7-3更直接看出来，这并不是因为各地治污积极性下降了，主要的原因是各地进行产业结构调整，污染重的工业产值逐年减少所致，这可从表7-8看出，比如北京市2005年工业产值占GDP的比重为24.5%，但到2011年降到了只有18.8%，当然也有省份是逐年增加的，但大多是减少的，因此，从逐年的变化对比也看不出各地治理污染上的产业转型升级与地区间经济社会状况的关系。

其次，从表7-4可看出，地方工业污染治理完成投资量与地方工业污染排放量比值7年平均较高的前4个地区依次是天津、北京、山东和山西，有东部发达地区，也有中西部不发达地区。7年平均比值较低的4个地区依次是海南、安徽、河北和广西，主要是中西部不发达地区，说明单从这种投资占比看，似乎发达地区较高，不发达地区较低。另外，表7-4中，从2005年至2011年有的省这一比值呈逐年下降趋势，有的省却呈逐年上升趋势，大多数省份都有摆动情况，说明单从某一年的数据可能得不到合理的结论，有必要取多年的平均值来检验。

最后，从表7-6可看出，各地区的人均财政收入差别很大，7年平均较高的前6个地区依次是上海、北京、天津、浙江、江苏和广东，都是经济社会条件较好的地区和东南沿海地区，7年平均最低的6个地区依次是甘肃、贵州、广西、河南、江西和湖南，都是处于中西部的经济社会条件较差的地区，说明人均财政收入很大程度上能反映不同地区间的经济社会条件差别。另外，表7-6中，2005年到2011年各省市的人均财政收入都呈上升趋势，说明各地区经济社会条件有逐渐向好处变化的趋向。

二　计量检验

（一）对经济社会条件影响地方污染治理效果的检验

1. 分析地方人均财政收入对地方污染治理投入程度的影响

以 y = 地方工业污染治理完成投资量与排放量比（7年平均值），x = 地方人均财政收入（7年平均值），建立计量检验模型（7.1），其中 ε 为一正态分布的随机扰动项，α、β 为待估系数。将表7-4和表7-6中数据代入模型进行检验，检验的结果见表7-9和表7-10①。

$$y = \alpha + \beta x + \varepsilon \tag{7.1}$$

---

① 本书所有的计量检验中R方值、t值、D.W值、p值都用SPSS19.0软件输出结果。

表7-9 拟合度显示

模型	R	R²	调整R²	标准估计的误差	Durbin - Watson
1	0.558①	0.311	0.285	2.248616438582302	2.167

注：①因变量：7年平均投资排污比。

表7-10 系数估计结果

模型		非标准化系数		标准系数	t	Sig.	B的95.0%置信区间	
		B	标准误差				下限	上限
1	（常量）	5.098	0.625		8.161	0.000	3.817	6.380
	7年平均财政收入	6.082	1.743	0.558	3.490	0.002	2.506	9.657

从回归结果看，虽然拟合效果不是很理想，但 $p < 0.05$，说明统计结果还是显著的。其中 $\beta > 0$，表示地方经济社会条件越好，其治理工业污染上的投资排污比例越高，也就是越注重节能减排上的产业转型升级程度。

2. 加入地方工业占GDP比重的因素进一步分析地方人均财政收入对地方污染治理投入程度的影响

因为地方工业占比可能影响地方工业污染治理投资的程度。以 $y=$ 地方工业污染治理完成投资与排放量比（7年平均值），$x_1=$ 地方人均财政收入（7年平均值），$x_2=$ 地方工业占地方GDP比重，建立计量检验模型（7.2），其中 ε 为一正态分布的随机扰动项，α、β_1、β_2 为待估系数。将表7-4、表7-6和表7-8中数据代入模型进行检验，检验的结果见表7-11和表7-12。

表7-11 拟合度显示

模型	R	R²	调整R²	标准估计的误差	Durbin - Watson
1	0.558①	0.311	0.285	2.248616438582302	
2	0.754②	0.569	0.536	1.812777702295265	1.943

注：①因变量：7年平均投资排污比；

②预测变量：（常量）7年平均财政收入。

表7-12 系数回归结果

模型		非标准化系数		标准系数	t	Sig.	B的95.0%置信区间	
		B	标准误差				下限	上限
1	（常量）	5.098	0.625		8.161	0.000	3.817	6.380
	7年平均财政收入	6.082	1.743	0.558	3.490	0.002	2.506	9.657

续表

模型		非标准化系数		标准系数	t	Sig.	B 的 95.0% 置信区间	
		B	标准误差				下限	上限
2	（常量）	-2.708	2.043		-1.326	0.007	-6.908	1.491
	7 年平均财政收入	7.175	1.432	0.658	5.011	0.000	4.231	10.118
	7 年平均工业占比	0.181	0.046	0.518	3.943	0.001	0.086	0.275

$$y = \alpha + \beta_1 x_1 + \beta_2 x_2 + \varepsilon \tag{7.2}$$

从回归结果看，拟合度基本可以，所有系数 $p < 0.05$，说明统计结果显著。其中 $\beta_1 > 0$，$\beta_2 > 0$，说明地方经济社会条件越好，地方工业占比越高，同时对地方工业污染治理投资程度起促进作用。也就是地方经济社会条件越好，地方工业比重越高，越注重节能减排上的产业转型升级程度。

3. 单独看地方工业占比对地方污染治理投入程度的影响

这一分析是想看看如果一个地方工业占比非常大，其地方政府是否一定注重其工业污染的治理。以 y = 地方工业污染治理完成投资与排放量比（7 年平均值），x = 地方工业占比（7 年平均值），建立计量检验模型（7.3），其中 ε 为一正态分布的随机扰动项，α、β 为待估系数。将表 7-4 和 7-8 中数据代入模型进行检验，检验的结果见表 7-13 和表 7-14。

$$y = \alpha + \beta x + \varepsilon \tag{7.3}$$

表 7-13　　　　　　　　拟合度显示

模型	R	R²	调整 R²	标准估计的误差	Durbin - Watson
1	0.390①	0.152	0.121	2.494030061738749	1.605

注：①因变量：7 年平均投资排污比。

表 7-14　　　　　　　　系数估计结果

模型		非标准化系数		标准系数	t	Sig.	B 的 95.0% 置信区间	
		B	标准误差	试用版			下限	上限
1	（常量）	1.054	2.614		0.403	0.690	-4.310	6.418
	7 年平均工业占比	0.136	0.062	0.390	2.202	0.036	0.009	0.263

从回归结果看，拟合度很差，且所有 $p > 0.05$，表明统计结果不显

著，因此无法证明一个地方工业占比越高，其地方政府就一定注重工业污染的治理。说明尽管在表 7 - 4 中有些工业经济占比重的地区治理工业污染的投入也大，但不一定在节能减排上进行产业转型升级程度就高。就其根本原因笔者认为是受地方的财政能力和经济社会条件的限制，由于地方政府是从自身利益出发决定其产业转型升级程度的，所以会权衡地方工业占比和地方财政收益两个方面以实现自身利益最大化，结果工业占比大的地方政府并不一定就把精力专注于节能减排的产业转型升级问题上。

（二）对地方政府及其官员任职阶段影响地方污染治理效果的检验

首先，把地方政府任期和地方工业污染治理完成投资与排放量比之间建立回归分析，看地方政府不同任期阶段是否加大工业污染治理力度，或者治理力度上有怎样的变化。由于不同时期地方工业占比会有所变化，所以我们也考虑工业占比的变化情况。我们以 y = 地方工业污染治理完成投资与排放量比，x_1 = 地方政府任期阶段，x_2 = 地方工业占比变化率，建立计量模型（7.4），其中 ε 为一正态分布的随机扰动项，α、β_1、β_2 为待估系数。将表 7 - 3、表 7 - 7 和工业占比变化的数据代入模型进行检验，检验结果见表 7 - 15 和表 7 - 16。

$$y = \alpha + \beta_1 x_1 + \beta_2 x_2 + \varepsilon \tag{7.4}$$

表 7 - 15　　　　　　　　　　拟合度显示

模型	R	R^2	调整 R^2	标准估计的误差	Durbin - Watson
1	0.498[①]	0.248	0.215	0.843293700504392	
2	0.510[②]	0.260	0.234	0.832676843966400	2.000

注：①预测变量：（常量），地方政府任期，工业占比变化；
　　②因变量：投资排污比变化。

表 7 - 16　　　　　　　　　　系数估计结果

模型		非标准化系数		标准系数	t	Sig.	B 的 95.0% 置信区间	
		B	标准误差				下限	上限
2	（常量）	-0.047	0.160		-0.295	0.049	-0.364	0.269
	V2. 地方政府任期	0.264	0.230	0.086	1.148	0.042	-0.190	0.717
	V3. 工业占比变化	2.426	1.045	0.175	2.321	0.021	0.363	4.488

从检验结果看，拟合效果比较一般，但所有 $p < 0.05$，说明检验效果显著。从回归系数看，自变量系数都大于 0，说明随着地方政府在任期内的时间推移，地方治理工业污染的投资排污比上升。地方工业占比上升时，其投资排污比也有所上升。我们对这一结果的解释是，由于地方政府做出治污投资决定到筹集投资措施再到付诸实施，需要一个较长的过程，因此，当在地方政府任期内的后期投资完成量增加时，说明任期初期地方政府做出了增加投资的决定，当任期内初期投资完成量减少时，说明上一届政府任期末期决定的投资量减少了。因此我们的检验结果符合分析结论。至于为什么地方工业占比上升，地方完成的投资排污比会上升，是因为地方工业占比的变动会引起地方政府对其一时的关注所导致的，并不意味着工业占比高，地方政府治理污染积极性就高。

其次，我们以水污染治理效果为例检验地方经济社会条件和地方政府政绩对产业转型升级效果的影响。我们以 y = 地方工业废水排放达标比（7 年平均），x_1 = 地方人均财政收入（7 年平均），x_2 = 是否属于东部发达地区和直辖市（是 1，不是 0），建立计量模型（7.5），其中 ε 为一正态分布的随机扰动项，α、β_1、β_2 为待估系数。将表 7 - 5 和表 7 - 8 的数据代入模型进行检验，检验结果见表 7 - 17 和表 7 - 18。我们把四个直辖市和山东、江苏、浙江、福建、广东等几个地区作为东部地区，这么划分是要说明这些地区官员在政治晋升中具有优势。

$$y = \alpha + \beta_1 x_1 + \beta_2 x_2 + \varepsilon \tag{7.5}$$

表 7 - 17　　　　　　　　　　　　　拟合度显示

模型	R	R^2	调整 R^2	标准估计的误差	Durbin - Watson
1	0.630①	0.397	0.363	3.009037570372784	
2	0.444②	0.197	0.161	2.979735192989324	1.757

注：①预测变量：（常量），7 年平均 2；

②预测变量：（常量），7 年平均 2，V4。

从回归结果看，拟合效果比较一般，但所有 $p < 0.05$，说明检验效果显著。从回归系数看，自变量系数都大于 0，说明地方政府和其官员政绩处于优势时，产业转型升级的效果更好一些，这恰好符合我们的预期结果。

表 7 – 18 回归系数结果

模型		非标准化系数		标准系数	t	Sig.	B 的 95.0% 置信区间	
		B	标准误差				下限	上限
2	（常量）	6. 133	3. 127		1. 961	0. 031	– 0. 294	12. 560
	7 年平均人均财政收入	0. 008	0. 075	0. 021	0. 110	0. 013	– 0. 146	0. 162
	V4 是否属于东部地区	1. 465	1. 183	0. 239	1. 238	0. 027	– 0. 966	3. 895

　　另外，对于国有企业和非国有企业之间的差别，推论七表明国有企业会出现技术不成熟时产出过度扩张的现象，非国有企业不会出现这种情况。由于我们没有各地国有企业和哪些国有企业参与了产业转型升级以及各参与哪些产业的转型升级的数据，无法从实证上进行证明。不过王文举教授对我国网络产业国有企业的行为进行了分析，他以电信、电力、铁路几个行业为例进行，运用经济主体间的博弈和经济动态模拟发现，当政府有支持性产业政策时，这些企业都会存在过度投资，这从一个侧面反映了我们的推论。

第八章 结论与展望

第一节 研究结论

在产业转型升级问题上，本书将各级地方政府和企业分别看作独立的利益主体来分析它们各自的行为选择以及由这种行为选择所决定的产业转型升级效果。结论是：（1）对于地方政府而言，其投入到产业转型升级中的政策和相应的资源并非总是以产业转型升级的最优效果要求进行的；（2）对企业而言，企业参与产业转型升级的行为选择也不是最优的；（3）就产业转型升级的效果来说，其效果是次优的。

一 地方政府产业政策的偏离性

地方政府的利益是在我国特定的转型体制背景下形成的，由经济利益和政治利益两个方面组成。其中的经济利益是在经济分权的机制下产生的，而且是一级一级地分权，因此每级地方政府都有其自身的经济利益。每级地方政府实现其经济利益的途径主要有三种：一是利用手中所控制的经济资源来为自身利益服务；二是利用手中所能掌握的政策工具为自身利益服务；三是根据自己所处政治任期阶段的特点为自身谋取利益。其中的政治利益是在政治集权的治理机制下形成的，因此在每一层次的上、下级地方政府之间，下级地方政府总会为上级地方政府的利益服务，以取得上级地方政府给予自身更好的政绩评价。这种下级地方政府为上级地方政府利益服务的途径主要有两种：一是以优异的成绩完成上级地方政府分配的各项任务，但这是以上级地方政府对下级地方政府的行为具有完全信息为前提的；二是下级地方政府替上级地方政府分担本应由上级地方政府完成的任务或者为上级地方政府谋取经济租金，往往这种行为更能直接为上级地方政府观察到，即信息是对称的，但这需要地方政府有一定的经济实力。在上级地方政府对下级地方政府拥有有限信息的现实条件下，下级地方政府总是会将这两个方面结合起来满足自身政绩需要。不仅如此，地方政府实现自身利益的方式还决定了地方政府必须将经济利益和政治利益结合起来才能实现自身利益的最大化。

地方政府的产业政策制定和执行就是由这样的利益格局所决定，而不是由产业转型升级最优化要求决定的，自然也就会偏离产业转型升级的最优化要求。从我们的逻辑结论式（5.17）和式（5.50）可以看出，地方政府促进产业转型升级的产业政策取决于变量 c_1、c_2、η、σ_1^2、σ_2^2 的大小，即给地方政府带来的负担、负担之间的比较以及产业转型升级带来的政治经济利益的大小。结果是：（1）如果是促进产业转型升级实现最优化的产业政策给地方政府带来的负担大，或者相对于其他地方政府任务的负担大，地方政府就会放弃这种最优化，转而促进 m 类产业发展，即已存在的旧产业的发展，以实现短期的经济增长。（2）在任职初期，更多的是从产业转型升级的基础上进行投入，即更注重研发和市场培育上的政策投入，在任职后期，更注重从产业转型升级的产出效果上投入，即更注重形式上的效果。（3）当地方政府官员在政绩上处于有利地位时，更注重产业转型基础上的投入，即研发和市场培育上的投入。反之，更注重产出效果或形式效果上的投入；当上级政府有详细的考核指标和严格的考核时，地方政府更注重在考核内容上的产业政策投入。（4）当对最优化的产业转型升级没有有效的指标考核时，地方政府以及地方政府的上级政府都不会按最优化要求进行投入。

二　企业参与产业转型升级行为的有限性

企业利益是完全按市场机制形成的，因此企业只按市场机制根据自己所处的市场环境、产业环境、自身的实力决定是否参与产业转型升级，如何参与产业转型升级，以及参与到什么程度。其中企业所处的旧产业的处境、新产业发展中的风险和企业本身状况所决定的风险偏好、新产业发展中的正外部性、新产业产品市场的竞争状况等是影响企业决策的关键变量，这就决定了企业参与产业转型升级中，也不一定按最优化产业转型升级效果的要求行为。

当然，地方政府可通过改变企业在这些关键方面的成本和收益，改变企业在产业转型升级上的行为选择，但这种改变所能达到的效果取决于两个方面：一是地方政府的产业政策是不是按最优化产业转型升级效果的要求制定的；二是地方政府是否能合理地运用这些政策。

结论是：（1）旧产业的相对收益越高，企业参与产业转型升级的积极性就越低。反之，新产业的预期收益越高，企业参与产业转型升级的积极性就越高。（2）产业转型升级的风险越高，初期参与的企业越少，中后期则不一定较少。（3）参与产业转型升级的企业之间行为的正外部性越强或者越弱，相对于在产业转型升级中的规模扩张（指企业在新产业上的生产规模扩张），企业在产业转型升级中的技术研发、市场环境培育方面的积极性越低。相反，参与产业转型升级的企业之间行为的正外部性处于适中水平，相对于在产业转型升级中的规模扩张，企业在产业转型升级中的技术研发、市场环境培育方面的积极性相对较高。（4）在产业转型升级的中期阶段，相对于研发和市场培育，企业在规模扩张上的积极性会很高，在其他阶段则不确定。（5）如果有地方政府产业政策的干预，则地方政府对产业转型升级中的研发和市场培育方面进行补贴，会使企业研发和市场培育程度超过新产业的生产规模，这有可能导致产业转型升级不足的后果。而地方政府对企业在新产业的产出方面进行补贴的话，则会使企业在新产品产出上的扩张超过产业的技术和市场环境所能容纳的规模，这会导致大量实用价值不大的新产业产品过剩，造成资源浪费。

三 产业转型升级效果的次优性

本书在界定产业转型升级效果上，是以产业转型升级中企业在研发和开拓上的投入与新产业产出上的投入之间的匹配状况来衡量产业转型效果。按这样的界定，产业转型升级的效果会有三种可能情况：一是研发和开拓上的投入过多但新产业产出上的投入过少。这会形成产业转型的基础条件具备，但没能达到应有的转型升级效果。二是研发和开拓上的投入过少，但新产业的产出过多。这会形成产业转型升级过度扩张，但转型的产品和行业因使用价值不大，不能在经济中发挥很大作用，从而出现资源浪费。三是研发和开拓上投入与新产业产出上的投入恰好匹配。那么，新产业既不会出现过量的低价值产品和浪费，也不会出现产业转型升级不够。

首先，如果没有地方政府产业政策的干预，企业会根据自身面临的旧产业的处境、从事新产业发展所带来的风险和企业本身状况所决定的风险偏好、新产业发展中的正外部性、新产业产品市场的竞争状况等是影响企业决策的关键变量。按利润最大化原则来决定自己参与产业转型升级的行为选择，包括在新产业产出规模上的投入和对新产业的研发、市场培育上的投入规模。这时，如果不考虑企业之间行为外部性博弈，新产业的发展程度和新产业在经济中的扩展规模会比较适应，即新产业培育到什么程度，新产业的生产规模会适当扩展到什么程度。但如果考虑企业之间行为外部性的博弈，在这种外部性博弈的干扰下，新产业的产出规模有可能会偏离新产业的培育程度。在外部性较强和较弱的情况下，一旦偏离，这种偏离将是前者过度高过后者；而在外部性处于中等的情况下，一旦偏离，这种偏离将是前者过度落后于后者。不仅如此，这种外部性干扰还会影响新产业发展的快慢，从而影响产业转型升级的快慢。一般是外部性较强时，新产业培育发展较慢，而外部性较弱时，新产业培育发展得反而较快。但总体上说，企业行为导致的产业转型升级效果偏离最优化要求并不是很大，因为过大的偏离会给创新性企业留下寻求利润的空间，他们会缩减这种偏离。

其次，当加入地方政府产业政策干预后，地方政府会根据自己的任期阶段、自身政治利益和经济利益对比状况、地方经济社会条件与不同性质企业之间的利益关系等的不同来执行和制定地方产业政策，且上一届政府与下一届政府之间产业政策也会不连贯，这就会加剧新产业产出规模与新产业培育程度之间的偏离。总的来说，这种偏离的加剧会导致产业转型初期，新产业在经济中的研发和开拓投入会更多超过新产业产出上的投入，导致新产业在经济中的应用不足；而在产业转型升级的中期，新产业在产出上的投入会更多超过新产业的研发和开拓上的投入，导致过多的新产业产品过剩，而这些产品在经济中的使用价值有限，造成社会资源浪费。

第二节　政策启示

分析表明，在我国转型体制下，地方政府的行为对产业转型升级效果有着重要影响。一方面，在政治利益的约束下，地方政府会根据上级产业政策的要求对产业转型升级进行一定的产业政策投入，这对转型升级的有关新产业有着一定的促进作用；另一方面，地方政府自身利益决定了这种促进作用总是伴随着产业转型升级效果的扭曲，从而带来社会资源投入的低效率和资源浪费的现象。根据地方政府和企业的行为分析，得到的启示是：

（一）改进对地方政府产业政策的评价机制

由于地方政府的政治利益主要靠上级政府的政绩评定，而且地方政府又会利用经济利益与政治利益的关联去追求一定的政治利益，在上、下级政府之间不是完全信息且上级地方政府也有自身利益追求的环境下，这就会造成地方政府在任期内对产业转型升级的问题的短视行为，因此，改进这种由上级政府决定下级政府政绩的评价机制就能一定程度减弱甚至这种短视行为。

一种改进措施是由地方企业来决定地方政府的产业政策评价，当然是由产业转型升级的所有有关企业共同表达评价意见。这时，地方的产业补贴激励政策和税收惩罚政策是否在时间、方式、力度上合理，地方企业是实际的实践者和利益相关者，最清楚政策能带来的效果以及是否有优化的空间。更关键的是这其中要建立地方许多企业之间针对争取产业政策支持的平等竞争机制，并将这种公平竞争和意见表达公开化，那么通过这种竞争和企业意愿的表达，产业政策是否合理以及是否有进一步优化的利益空间，就能在企业之间的利益竞争中体现出来，从而地方政府的产业政策评价也能由企业的意见决定，建立在这种评价机制基础上的地方政府也会围绕优化产业转型升级效果制定和执行产业政策，不至于为了上级政府的评价不顾地方企业在产业转型升级上的愿望。

另一种改进措施是建立地方企业代表的有效监督和评价机制，在我国地方代表制的政治治理现实背景下，让地方的人大代表、政协委员和工商业代表真正发挥独立的监督和评价功能，也是一个很好的替代机制，当然这需要改变现行的不怎么独立的代表机制。包括让代表脱离政治利益；让代表的价值直接与所代表的地方产业转型升级效果挂钩，并在社会公开，形成代表的社会价值；建立代表意见的公平表达和竞争平台；由相关企业直接作为代表等。

（二）减少地方政府对产业转型升级中的经济资源的控制

一方面，地方政府的产业政策存在对加剧产业转型升级偏离的效果，那么地方政府掌握的资源越多，其利用这些资源与产业转型升级带来的偏离可能就越大；另一方面，正是地方政府掌握有大量的地方经济资源，使得地方政府利用这些资源在企业之间造成更大的差别待遇，也给予地方政府利用这些资源追求自身利益甚至寻租的机会。因此，减少地方政府对地方经济资源的控制，既有利于市场公平竞争机制发挥作用，也有利于消除经济资源不合理的利用。

一是地方政府放弃对非公共性经济资源的控制，让其完全由市场机制配置，这能够使产业转型升级中的经济资源使用根据新、旧产业发展进程中的对比变化而合理配置，尤其当新产业发展到有足够的利益支撑时，能有效获取所需的经济资源以扩大新产业的产出，当新产业没有发展到足够成熟的利益支撑时，在利益的约束下，企业也不会过度地把经济资源浪费在新产业上。尤其还能切断地方政府与某些企业之间形成的固化的利益关系，避免这种固化利益关系对地方政府产业政策制定和执行中的政策干扰或者效益上的偏离。

二是每级地方政府主要依靠本级公共经济资源以及财政、税收和货币等公共政策来实施地方产业政策，并建立政策执行中的公开竞争机制。这样就可尽量减少上下级政府之间因委托代理机制带来的次优化干预的程度和范围，也能通过公开竞争的信息显示，减少产业政策制定和执行中，因上、下级政府之间的治理机制所产生的租金对政策效果的扭曲。

（三）改进地方政府产业政策的实施方式

针对企业之间外部性对新产业发展的影响，对新产业技术和市场培育上，地方政府可适当建立专门由其资助的研发机构，研发出一些潜在成果，在企业因研发困难且竞争激烈的情况下，将这些潜在研发成果出售给需要的企业，促进其研发上的突破，在研发竞争不激烈且企业更注重研发中的成本节约情况下，将潜在研发成果无偿提供给企业使用。这样一方面能集中各方面的人才优势，促进研发的快速进展和新产业的快速培育；另一方面能打破企业之间因外部性造成的困局。相对于直接给予企业研发补贴，同样的补贴投入收益更大。

针对新产业产出的产业政策上，政府有必要把支持重点放在地方产业结构的培育上，包括对各产业交易渠道的培育、政策障碍的消除、技术改进的支持等方面，相对于直接给予新产业产出规模的补贴激励，这样的培育对新产业产出的扩张更有效，因为当新产业能够进入大规模扩展期时，其自身的利益空间就可支持企业扩大生产规模，当新产业没达到大规模扩展期时，政府刺激的大规模扩展也对经济不利。

第三节　研究不足与展望

　　首先，在研究的理论上，本书是对我国地方政府产业政策影响产业转型升级效果机制的一个尝试分析，通过不同模型之间的关联的途径建立不同利益主体之间的行为关联，以解释其中的作用机制，还没能通过一个模型将所有的行为变量纳入进来形成更直观的理论分析和推理。不过通过这一尝试的学习和积累，也进一步向这方面提供了知识和启示。

　　其次，在实证分析上，由于数据获取能力的有限，并没能分析我国区级、县级、乡级的地方经济状况是否符合本书所要说明的道理，对省级数据的分析也是不全面的，这就使本书的说服力显得有限。随着材料的慢慢积累，这也是作者以后的分析内容，也希望能通过更完整的资料分析，对理论的内容进行修正和完善。

参考文献

[1] Amsden A. H. , Asia's next giant: South Korea and Late Industrialization [M]. New York: Oxford University Press, 1989.

[2] Baptista R. , P. Swann, Do Firms in Cluster Innovate More? [J]. Research Policy, 1998, 27 (6): 525 – 540.

[3] Barnes, Kaplinsky, Industrial Policy Developing Economics: Developing Dynamic Comparative Advantage in South African Automobile Sector [J]. Competition and Change, 2004, 8 (2): 153 – 172.

[4] Beason R. , Weinstein D. E. , Growth Economics of Scale and Targeting in Japan (1955 – 1990) [J]. Review of Economics and Statistics, 1996, 78 (2): 286 – 295.

[5] Bernard S. Black, Hasung Jang, Woochan Kim, Does Corporate Governance Predict Firms Market Values? Evidence from Korea [J]. Journal of Law, Economics& Organization, 2006, 122 (2): 366 – 413.

[6] Berry T. . Renewable Portfolio Standard: Design Considerations and an Implementation Survey [J]. Energy Policy, 2001, 29: 144 – 160.

[7] Bianch I. , International Handbook on Industrial Policy [M]. Northampton: Edward Elgar, 2006.

[8] Cainelli G. , Leonine R. , Externalities and Long – term Local Industrial Development: Some Empirical Evidence from Italy [J]. Revue d économie industrielle, 1999, 90 (90): 25 – 39.

[9] Catherine Mitchell, Peter Connor, Renewable Energy Policy in the UK 1900 – 2003 [J]. Energy Policy, 2003, 19: 1935 – 1947.

[10] Caves D. W. , Christensen L. R. , Diewert W. E. , Multilateral Comparisons of Output, Input and Productivity Using Superlative index Numbers [J]. Economic Journal, 1982, 92: 73 – 86.

[11] Cheri Davis, Bob Huffaker, Tim Tutt. Poliey Report on AB 1890 renewables funding [M]. California Energy Commission, 1997.

[12] Christian H. M. , Ketels, The Development of the Cluster Concept – present Experiences and Further Developments [P]. Prepared for NRW Conference on Clusters, Duisburg, Germany, 2003.

[13] Claus Steinle, Holger Schiele, When do Industries Cluster? A Proposal on how to Assess an Industry's Propensity to Concentrate at a Single Region or nation [J]. Research Policy, 2002, 31 (6): 849–858.

[14] Coelli T. , D. Rao, G. Battese, An Introduction to Efficiency and Productivity Analysis [M]. Boston: Kluwer Academic Publisher, 1998.

[15] Combes P. P. , Economic Structure and Local Growth: France1984 – 1993 [J]. Journal of Urban Economics, 2002, 3 (47): 329–355 .

[16] Daryll E. R. , Biomass and Bioenergy Applications of the Polysys Modeling Framework [J]. Biomass and Bioenergy, 2000, 5 (18): 29–35.

[17] De Lucio J. , Herce J. A. , Goicolea A. , The Effects of Externalities on Productivity Growth in Spanish Industry [J]. Regional Science and Urban Economics, 2002, 2 (32): 241–258.

[18] Fare R, Grosskopf S. , Lindgren B. , et al. Productivity Change in Swedish Pharmacies 1980 – 1989: a Nonparamctric Malmqnist Approach [J]. Journal of Prodnctivitv Analysis, 1994, 3: 85–101.

[19] Feser E. J. , Bergman E. M. , National Industry Cluster Templates: A Framework for Applies Regional Cluster Analysis [J]. Regional Studies, 2000, 34 (1): 1–19.

[20] Gao Ting. Regional Industrial Growth: Evidence from Chinese Industries [J]. Regional Science and Urban Economics, 2004 , 34 (1): 101 – 124 .

[21] Graham A. , Davis Brandon, Owens. Optimizing the Level of Renewable Electric R&D Expenditures: Using Real Options Analysis [J]. Energy Policy, 2003, 15: 1589–1608.

[22] Haltom. Book Review: American Governmentand Politics [J]. The American Political Science Review, 1985, 79 (3): 843–844.

[23] Hausmann R. , Rodrik D. , Doomed to Choose: Industrial Policy as

Predicament［D］. Blue Sky Seminar, 2006.

［24］ Hillring. National Strategies for Stimulating the Use of Bioenergy: Policy Instruments in Sweden［J］. Biomass and Bioenergy, 1988, 14: 45 – 49.

［25］ Jeroen Hinloopen. More on Subsidizing Cooperative and Noncooperative R&D in Duopoly with Spillovers［J］. Journal of Economics, 2000, 72 (3): 295 – 308.

［26］ Jeroen Hinloopen, Subsidizing Cooperative and Noncooperative R&D in Duopoly with Spiliovers［J］. Journal of Economics, 1997, 66 (2): 151 – 175.

［27］ Lall, Reinventing IndustrialStrategy: The Role of Government Policy in Building Industrial Competitiveness［D］. The Intergovernmental Group on Monetary Affairs and Development, 2003.

［28］ Lall, Sajaya. The Technological Structure and Performance of Developing Country Manufactured Exports［J］. Oxford Development Study, 2000, 28 (3): 337 – 369.

［29］ Langiness Ole, Ryan Wiser. The Renewable Portfolio Standard in Texas: An Early Assessment［M］. Lawrence Berkeley National Laboratory, 2003.

［30］ Lawrence R. Z., Weinstein D E., Trade and Growth: import – led or export – led? Evidence from Japan and Korea［P］. NBER Working Paper Series. Cambridge: NBER, 1999, 23 – 24.

［31］ Lawrenee J. Hill, Stanton W., Hadley. Federal Tax Effects on the Financial Attractiveness of Renewable versus Conventional Power Plants［J］. Energy Policy, 1995, 23 (7): 593 – 597.

［32］ Lee, Chung H., I. Yamazawa., The Economic Development of Japan and Korea［M］. New York: Praeger Press, 1990.

［33］ Lee Jong – wha. Government Interventions and Productivity Growth in Korean Manufacturing Industries［J］. Journal of Economic Growth, 1996, 1: 391 – 414.

［34］ Nelson R., Why Do Firms Differ, and How Does It Matter?［M］. Cambridge, Mass: Harvard Business Press, 1994.

［35］ Lewis Joanna, Ryan Wiser. Wind Industry Development Incentives through Utility Tenders in Quebec: Lessons for China［P］. San Francisco: Center for Resource Solutions and The Energy Foundation, 2006.

[36] Magazinet, Ira C. , Thomas M. Hout. Japanese Industrial Policy [M].
Berkeley, Calif: University of California Press, 1980.

[37] Marshall A. , Principles of Economics [M]. London: Macmillan,
1920 .

[38] Martine A. , Uyterlinde, Martin, Junginger. Implications of technologi-
cal Learning on the Prospects for Renewable Energy Technologies in Eu-
rope [J]. Energy Policy, 2007, 35 (2): 4072 – 4087.

[39] Mody A. , F. Y. , Wang. Explaining Industrial Growth in Coastal China:
Economic Reforms and What Else? [R]. World Bank Economic Review,
1997, 11: 293 – 325.

[40] Monke E A. , Scotte P. , The Policy Analysis Matrix for Agricultural De-
velopment [M]. Ithaca, New York: Cornell University Press, 1989.

[41] Morthorst, P. E. , A Green Certificate Market Combined with a Liberal-
ized Power Market [J]. Energy Policy, 2003, 31 (13): 1393 – 1402.

[42] Niels L. , Meyer, Anne Louise, Koefoed. Danish Energy Reform: Policy
Implications for Renewables [J]. Energy Policy, 2003, 31 (7): 597 – 607.

[43] Nwaobi G. C. , Emission Policies and the Nigerian Economy: Simula-
tions from a Dynamic Applied General Equilibrium Model [J]. Energy E-
conomics, 2004, 26 (5): 921 – 936.

[44] Pablo del Rio, Unruh G. , Overcoming the lock – out of Renewalbe En-
ergy Technologies in Spain: the Cases of Wind and Solar Electricity [J].
Renewable and Sustainable Energy Reviews, 2007, 11: 1498 – 1513.

[45] Peltzman S. . Toward a More General Theory of Regulation [J]. Journal of
Law and Economics, 1976, 19 (2) : 211 – 240.

[46] Rave. Wind Power and the Finance Industry [J]. Renewable Energy Wor-
le, 1999, 9: 23 – 31.

[47] Reichie D. , Bechberge M. , Policy Differences in the Promotion of Re-
newable Energies in the EU Member State [J]. Energy Policy, 2004, 32
(7): 843 – 849.

[48] Sanchez R. , Modular Architectures in Themarketing Process [J]. Journal
of Marketing, 1999, 63: 92 – 111 .

［49］Saxenian A. , Regional Advantage, Culture and Competition in Silicon Valley and Route ［M］. Cambridge, Massachusetts: Harvard University Press, 1994.

［50］Soete L. , From Industrial to Innovation Policy ［J］. J Ind Compet Trade, 2007 (3): 273 – 284.

［51］Srholec M. , High Tech Exports from Developing Countries: A Symptom of Technology Spurts or Statistical Illusion? ［J］. Review of World Economics, 2007, 143: 227 – 255.

［52］Storper M. , Regional world ［M］. New York: Guildford Press, 1997.

［53］Suani Coelho Marly. Policies to Improve Biomass – electricity Generation in Brazil ［J］. Renewable Energy, 1999, 16: 18 – 22.

［54］Swann G. M. , P. M. Prevezer, D. Stout. The Dynamics of Industrial Clusters: International Comparisons in Computing and Biotechnology ［M］. Oxford: Oxford University Press, 1998.

［55］Tai – chen, Chien, Jin – Li Hu. Renewable Energy and Macroeconomic Efficiency of OECD and non – OECD Economics ［J］. Energy Policy, 2007, 35 (12): 3606 – 3615.

［56］Thun E. , Changing Lanes in China: Foreign Direct Investment, Local Governments, and Auto Sector Development ［M］. New York: Cambridge University Press, 2006.

［57］Vera I. , Langlois L. , Energy Indicators for Sustainable Development ［J］. Energy, 2007, 32 (6): 875 – 882.

［58］Waterson M. . The Role of Consumers in Competition and Competition Policy ［J］. International Journal of Industrial Organization, 2003, 21: 129 – 150 .

［59］Weidou N. , Johansson T. B. , Energy for Sustainable Development in China ［J］. Energy Policy, 2004, 32 (10): 1225 – 1229.

［60］Wiser P. , Steven. Financing Investments in Renewable Energy: The Impacts of Policy Design ［J］. Renewable and Sustainable Energy Reviews, 1998, 2 (4): 361 – 386.

［61］詹姆斯·布坎南:《自由、市场和国家》,北京经济学院出版社 1989 年版。

[62] 周振华:《产业政策的经济理论系统分析》，中国人民大学出版社1991年版。
[63] 佐贯利雄:《日本经济的结构分析》，辽宁人民出版社1988年版。
[64] 南亮进:《日本的经济发展》，经济管理出版社1992年版。
[65] 查默斯·约翰逊:《通产省与日本奇迹：产业政策的成长（1925—1975)》，吉林出版集团有限公司2010年版。
[66] 小宫隆太郎:《日本的产业政策》，国际文化出版公司1986年版。
[67] 冈崎哲二:《战后日本经济恢复时期的政企关系：对产业合理化过程中协调失灵的协调》，上海远东出版社1998年版。
[68] 约翰·齐斯曼:《政府、市场与增长——金融体系与产业变迁的政治》，吉林出版集团有限公司2009年版。
[69] 张鹏飞、徐朝阳:《干预抑或不干预？——围绕政府产业政策有效性的争论》，《经济社会体制比较》2007年第4期。
[70] 姜达洋、张宏武:《现代西方经济学界关于产业政策有效性的讨论》，《经济经纬》2009年第1期。
[71] 潘士远、金戈:《发展战略、产业政策与产业结构变迁——中国的经验》，《世界经济文汇》2008年第1期。
[72] 雷玷、雷娜:《产业政策、产业结构与经济增长的实证研究》，《经济问题》2012年第4期。
[73] 赵嘉辉:《我国产业政策的理论模型与现实考察》，《统计与决策》2010年第11期。
[74] 刘澄、顾强、董瑞青:《产业政策在战略性新兴产业发展中的作用》，《经济社会体制比较》2011年第1期。
[75] 周淑莲、乔仁毅:《中国产业发展的成就、问题和对策》，《管理世界》1990年第5期。
[76] 李永、刘娟:《入世后我国产业政策有效性的CGE分析》，《国际贸易问题》2004年第5期。
[77] 剧锦文:《战略性新兴产业的发展“变量”：政府与市场分工》，《改革》2011年第3期。
[78] 江小涓:《中国推行产业政策中的公共选择问题》，《经济研究》1993年第6期。
[79] 林毅夫、蔡昉、李周:《比较优势与发展战略——对“东亚奇迹”

的再解释》，《中国社会科学》1999 年第 5 期。

[80] 祁华清：《论产业政策的有效性》，《武汉交通科技大学学报》（社会科学版）2000 年第 2 期。

[81] 江海潮：《产业政策激励、产业剩余分配与产业政策效应》，《产业经济研究》2007 年第 2 期。

[82] 张泽一：《产业政策的影响因素及其作用机制》，《生产力研究》2009 年。

[83] 张泽一、赵坚：《产业政策有效性问题的分析》，《北京交通大学学报》2009 年第 10 期。

[84] 陈为、欧阳葵：《论开放经济条件下产业结构政策的有效性》，《佛山科学技术学院学报》（社会科学版）2010 年第 4 期。

[85] 杜春丽、成金华：《我国钢铁产业循环经济效率评价（2003—2006）》，《产业经济研究》2009 年第 5 期。

[86] 李昌宇：《资源倾斜配置研究：中国产业结构转变过程》，陕西人民出版社 1994 年版。

[87] 李小平、卢现祥、朱钟棣：《国际贸易、技术进步和中国工业行业的生产率增长》，经济学（季刊），2008 年第 1 期。

[88] 颜鹏飞、王兵：《技术效率、技术进步与生产率增长：基于 DEA 的实证分析》，《经济研究》2004 年第 12 期。

[89] 陈瑾玫：《中国产业政策效应研究》，北京师范大学出版社 2011 年版。

[90] 李燕萍、彭峰：《国际贸易、自主研发与高技术产业生产率增长》，《经济评论》2012 年第 1 期。

[91] 吴延兵：《R&D 与生产率——基于中国制造业的实证研究》，《经济研究》2006 年第 11 期。

[92] 刘乃全、贾彦利：《中国区域政策的重心演变及整体效应研究》，《经济体制改革》2005 年第 1 期。

[93] 皮黔生、王恺：《走出孤岛：中国经济技术开发区概论》，生活·读书·新知三联书店 2004 年版。

[94] 王缉慈：《创新的空间——企业群聚与区域发展》，北京大学出版社 2001 年版。

[95] 郭树言、欧新黔：《推动中国产业结构战略型调整与优化升级探

索》，经济科学出版社 2008 年版。

[96] 苑广睿：《促进产业结构调整的财政政策》，中国财经出版社 2004 年版。

[97] 刘溶沧：《促进经济增长方式转变的财政政策选择》，中国财经出版社 2000 年版。

[98] 周敏倩：《支持产业结构优化的财政政策的调整思路》，《南京社会科学》2003 年第 11 期。

[99] 陈百甫：《大调整——中国经济结构调整的六大问题》，中国发展出版社 1998 年版。

[100] 邓子基、林志远：《财政政策与提高产业竞争力》，中国财经出版社 2006 年版。

[101] 周冯琦：《中国产业结构调整的关键因素》，上海人民出版社 2003 年版。

[102] 约翰·福斯特、斯坦利·梅特卡夫：《演化经济学前沿——竞争、自组织与创新政策》，高等教育出版社 2005 年版。

[103] 杜群阳、项丹、俞斌、李凯：《中国工业经济转型升级研究》，《中国工业经济》2011 年第 10 期。

[104] 白重恩、杜颖娟、陶志刚：《地方保护主义及产业的地区集中度的决定因素和变动趋势》《经济研究》2004 年第 4 期。

[105] 陶纪明：《服务业的内涵及其经济学特征分析》，《社会科学》2007 年第 1 期。

[106] 欧阳峣：《中小企业利益相关者治理的现状及其改善思路探析》，《湘潭大学学报》（哲学社会科学版）2007 年第 3 期。

[107] 金碚：《中国产业发展的道路和战略选择》，《中国工业经济》2004 年第 7 期。

[108] 尹世杰：《消费需求与经济增长》，《消费经济》2004 年第 5 期。

[109] 尹世杰：《优化消费环境弘扬和谐文化》，《湘潭大学学报》，（哲学社会科学版）2007 年第 1 期。

[110] 胡立君、石军伟、傅太平：《产业结构与产业组织互动关系的实现机理研究》，《中国工业经济》2005 年第 5 期。

[111] 芮明杰、李想：《差异化、成本领先和价值创新——企业竞争优势的一个经济学解释》，《财经问题研究》2007 年第 1 期。

[112] 张辉：《全球价值链动力机制与产业发展策略》，《中国工业经济》2006 年第 1 期。

[113] 刘艳：《企业社会责任及其标准在我国的发展与完善》，《湘潭大学学报》（哲学社会科学版）2007 年第 5 期。

[114] 吕铁：《论技术标准化与产业标准战略》，《中国工业经济》2005 年第 7 期。

[115] 文启湘：《加快构建农村现代流通体系——推进农村消费和谐发展的重要条件》，《湘潭大学学报》（哲学社会科学版）2007 年第 1 期。

[116] 陈波、王浣尘：《论产业政策的传导机制》，《经济评论》2001 年第 1 期。

[117] 张佰瑞：《我国区域协调发展度的评价研究》，《工业技术经济》2007 年第 9 期。

[118] 孟伟：《高新技术产业与经济增长关系研究》，《当代经济》2008 年第 1 期。

[119] 周实、隋军：《关于日本的"规制缓和"》，《东北亚论坛》2006 年第 6 期。

[120] 李玉谭、袁英华：《日本对政策金融机构的重组及其启示》，《现代日本经济》2007 年第 5 期。

[121] 王宝林：《日本的企业改革与终身雇佣制的新动向》，《现代日本经济》2008 年第 1 期。

[122] 柳华平：《中国政府与国有企业关系的重构》，西南财经大学出版社 2005 年版。

[123] 任云：《日本产业政策再评价及对我国的启示》，《现代日本经济》2006 年第 4 期。

[124] 小宫隆太郎：《日本产业政策》，东京大学出版会 1984 年版。

[125] 竹内弘高：《日本的竞争战略》，钻石出版社 2001 年版。

[126] 白让让：《"赶超共识"模式中的事实选择和博弈分析——与瞿宛文教授商榷》，《经济学》（季刊）2010 年第 2 期。

[127] 青木昌彦：《比较制度分析》，上海远东出版社 2001 年版。

[128] 瞿宛文：《赶超共识监督下的中国产业政策模式——以汽车产业为例》，《经济学》（季刊）2009 年第 2 期。

[129] 范剑勇：《产业集聚与地区间劳动生产率差异》，《经济研究》2006 年第 12 期。

[130] Cécile Batisse：《专门化、多样化和中国地区工业产业增长的关系》，《世界经济文汇》2002 年第 4 期。

[131] 薄文广：《外部性与产业增长——来自中国省级面板数据的研究》，《中国工业经济》2007 年第 1 期。

[132] 林秀林：《地区专业化、产业集聚与省区工业产业发展》，《经济评论》2007 年第 6 期。

[133] 陈晓燕：《光伏产业国际竞争力研究》，南开大学博士学位论文，2010 年。

[134] 林毅夫：《新结构经济学——重构发展经济学的框架》，《经济学》（季刊）2011 年第 1 期。

[135] 韩小明：《从工业经济到知识经济：我国发展高新技术产业的战略选择》，《中国人民大学学报》2000 年第 3 期。

[136] 辜胜阻、李正友：《创新与高技术产业化》，武汉大学出版社 2001 年版。

[137] 熊勇清、李世才：《战略性新兴产业与传统产业耦合发展研究》，《财经问题研究》2010 年第 8 期。

[138] 熊勇清、李世才：《战略性新兴产业与传统产业的良性互动发展》，《科技进步与对策》2011 年第 5 期。

[139] 剧锦文：《战略性新兴产业的发展"变量"政府与市场分工》，《改革》2011 年第 3 期。

[140] 田杰棠：《地方政府发展战略性新兴产业应注意的几个问题》，《发展研究》2011 年第 7 期。

[141] 小宫隆太郎：《日本产业政策》，国际文化出版公司 1988 年版。

[142] 路风、蔡莹莹：《中国经济转型和产业升级挑战政府能力——从产业政策的角度看中国 TFT - LCD 工业的发展》，《国际经济评论》2010 年第 5 期。